Was wird aus der Demokratie?

W0074924

Thomas Assheuer/Werner A. Perger (Hrsg.)

Was wird aus der Demokratie?

Mit Beiträgen von
Francis Fukuyama, Zygmunt Bauman
Ulrich Beck, Alain Touraine
Claus Offe, Jean-Marie Guéhenno
Avishai Margalit, David Held
Günther Grass und Pierre Bourdieu im Gespräch

Ein Buch mit der ZEIT

Leske + Budrich, Opladen 2000

Gedruckt auf alterungsbeständigem und säurefreiem Papier.

Die Deutsche Bibliothek – CIP-Einheitsaufnahme
Ein Titeldatensatz für diese Publikation ist bei
Der Deutschen Biblkiothek erhältlich

ISBN 3-8100-2757-X

© 2000 Leske + Budrich, Opladen

Satz: Leske + Budrich, Opladen
Druck: Presse-Druck, Augsburg
Printed in Germany

Inhalt

Einleitung

Schöne neue Welt. Der Siegeszug der Demokratie ist unaufhaltsam. Die Zitadellen der Tyrannen wanken, die Mauern der Autokraten bersten. Zwischen Kapstadt und Singapur, Teheran und Wladiwostok: Kein Land, vielleicht nicht einmal China, scheint dem gewaltlosen Versprechen der Freiheit und dem Anspruch auf Menschenrechte dauerhaft widerstehen zu können. Längst klingt die Arroganz, mit der die letzten Despoten ihre Folterkeller verteidigen, wie Hochmut vor dem Fall. Was das angeht, scheinen die Propheten der Neuen Weltordnung recht zu behalten. Der Weltgeist ist demokratisch und sein Domizil das Parlament. Das alte, 1989 geräuschlos implodierte sowjetische Imperium war das letzte Hindernis vor dem Triumphzug der Demokratie; heute, nach dem Ende der bipolaren Welt, weht ihr Geist, wo er will. Wenn die jüngste Demokratisierungswelle die letzten autoritären Regime unterspült, wenn eines Tages liberal befriedete Gesellschaften ihren Sieg mit der Gründung einer Weltrepublik feiern, dann geht unter der Sonne der Freiheit die Geschichte tatsächlich ihrem Ende entgegen. Rechtsstaat und Demokratie, die Filme Hollywoods und die Semiotik des Pop bilden die weltweit verstandene Universalsprache einer mit sich versöhnten Menschheit. Es ist Frieden. Ewiger Frieden. Doch ist das wirklich die Wirklichkeit?

Auf den Sieg der Demokratie fallen in Wahrheit dunkle Schatten. Selbst Francis Fukuyama, der als erster die Melodie vom liberalen Ende der Geschichte intoniert hatte, wird inzwischen von seiner Skepsis belehrt – und den Verwerfungen des neuen Zeitalters. Denn die eben noch glanzvoll obsiegende Demokratie wird gleich von zwei Seiten bedroht, von innen *und* von außen, von der Aufweichung liberaler Strukturen *und* den Turbulenzen der globalisierten Ökonomie. Sogar in den Mutterländern der Demokratie verdichten sich vielfältige Veränderungen zu einem Symptom der Krise. Immer seltener gelingt es der Politik, Alternativen zu sich selbst zu entwickeln, ihr Programmprofil zu schärfen und ihre argumentative Substanz von deren Medieninszenierung zu retten. Mehr noch beunruhigt die – von der Öffentlichkeit nahezu unbemerkte – schleichende Entparlamentarisierung der Politik. Politische Entscheidungen werden zwar überall, aber immer seltener im Parlament getroffen; klassisches Regierungshandeln wandert aus in ‚Subpolitiken' oder vernetzt sich zur Konsenserzielung mit außerparlamentarischen ‚Bündnissen' und Verhandlungsrunden, über die sich die Repräsentanten der Bürger nur schwerlich noch Aufklärung verschaffen, geschweige diese korrigieren können. Existentielle Entscheidungen, zum Beispiel auf dem Feld der Gentechnik, werden in den ‚Subsystemen' von pharmazeutischer Wirtschaft und biowissenschaftlicher Forschung getroffen und dürfen vom Parlament oft nur noch ex post behandelt werden. Auch die ‚sekundäre' Gesetzgebung von Expertenkommissionen ist nicht dazu angetan, den Spielraum des Parlaments zu erweitern.

Kommt es zu einer Rückbildung des parlamentarisches Systems? Wächst bei den Bürgern der Verdacht, Parteien seien langfristig überflüssige Organisationen, die soziale Bewegungen und Interessen nicht mehr repräsentieren? Die geschwächte parlamentarische Kontrolle hat in der Apathie der Wähler und dem ‚Vertrauensentzug' (Claus Offe) ihr trauriges Spiegelbild. Gibt es nichts mehr zu wählen, bleibt der Wähler der Wahl fern. Verstärkt wird die Legitimitätskrise durch die Politik selbst. Der unter dem Schlagwort von Eigenverantwortung und Selbsthilfe eingeleitete Rückzug des Staates aus öffentlichen Feldern, die notwendigen, aber zweischneidigen Reformen des Gesundheitssystems, die fragwürdige Technifizierung der Bildung und die Kommerzialisierung der Kultur „befreien" die Gesellschaft ja nicht nur aus den Fesseln einer wohlfahrtsstaat-

lichen bzw. sozialbürokratischen Erstarrung. Dabei fällt die
neoliberal gefeierte Selbstmodernisierung des Staates negativ
auf ihn selbst. Obwohl das politische System unter dem Diktat
leerer Kassen die Reichweite des Regierungshandelns drastisch
eingeschränkt und das Feld teilweise geräumt hat, werden ihm
als Alleinverantwortlichen gesellschaftliche Krisen weiterhin
zugerechnet. Die Entstaatlichung des Staates, mit der eine
Legitimitätskrise der Demokratie abgewendet werden sollte,
beschleunigt diese, falls sie nicht überhaupt deren Ursache ist.

Legitimitätsgeschwächte Demokratien, die im politischen
Raum keine starken und überzeugenden Alternativen mehr
entwicklen bzw. zulassen, verlieren an Integrationskraft und
werden anfällig für extremistische Strömungen, die sich mit
nomadisierenden Ressentiments anreichern und vom Rand in
die ‚bürgerliche‘ Mitte drängen. Von der konservativen ÖVP
hoffähig gemacht, übt in Österreich eine im programmatischen
Kern und ihrer politischen Tradition nach illiberale Partei Re-
gierungsmacht aus, die mit dem demokratietheoretisch auf-
schlußreichen ‚Versprechen‘ angetreten war, freiheitsfeindliche
Proporzstrukturen abzuschaffen und demokratische Alternativen durchzusetzen. In diesem Sinn fordert man unter dem Titel
„Mehr Demokratie“ präsidentielle und plebiszitäre Instrumente,
die in den Händen eines Volkstribuns jedoch hervorragend geeignet sind, eben erwirkte demokratische Spielräume wieder
einzuschränken. Entsprechend soll auch die Rolle der Öffentlichkeit umdefiniert werden; sie muß nicht länger als demokratische Arena der Willensbildung geschützt, sondern soll vielmehr als Instrument der Loyalitätsbeschaffung in Dienst genommen werden. Es bleibt abzuwarten, ob postmodern mas-
kierte, mit rechtsextremen Versatzstücken agierende Parteien
wie die FPÖ die Achillesferse des liberalen Rechtsstaats treffen
und ihn autoritär ‚reformieren‘ – oder ob solche latent freiheitsfeindliche Parteien durch Regierungsbeteiligung doch noch de-
mokratisiert werden. In jedem Fall aber könnte sich die Regierungsbeteiligung rechtsextremer Parteien als Menetekel für Europas Christdemokraten erweisen, die mit der Mehrheitsfähig-

keit auch ihre historische Rolle für die Stabilität der Demokratien verlieren und anderen Konstellationen das Feld überlassen
müssen – etwa nichttraditionalen bzw. populistisch radikalisier-
ten Parteien oder der wachsenden Partei der Nichtwähler. Noch
allerdings sind dies keine tektonischen Erschütterungen, sondern schleichende Veränderungen, die im Gegenzug sogar
Tendenzen zur Selbststabilisierung der Demokratie freisetzen
könnten.

Das gilt möglicherweise auch für die deutsche Parteispen-
denaffäre. Sie macht sichtbar, dass unter der politisch unbeweg-
ten Oberfläche eine demokratisch nicht mehr kontrollierte Op-
portunitätsstruktur ausgebildet wurde, ein „System", das den
für Demokratien lebensgefährlichen Verdacht weckt, Regierungshandeln sei käuflich. Auf der Basis eines permanenten
Rechts- und Verfassungsbruchs wurde eine Arkanpolitik installiert, die auf persönlichen Abhängigkeiten und einer pater-
nalistischen Schattenpolitik beruhte. Eine ‚etatisierte‘, program-
matisch auf Recht und Gesetz vereidigte Partei hat sich selbst
als Bestandteil des Staates definiert, um unter Einsatz ‚schwar-
zer Kassen‘ ein quasi-korporatives und wirtschaftsnahes Netz-
werk zu spinnen. Die zu recht alarmierten Reaktionen des Sou-
veräns und der Medien bestätigen, was Claus Offe zur Grundlage seiner Überlegungen macht: den Umstand nämlich, daß
Demokratien um den Preis ihres Fortbestehens zwingend auf
die Ressource ‚Vertrauen‘ angewiesen sind.

Diese Krisenzeichen sind nicht zu verwechseln mit dem
Typus der im Kern beschädigten, „defekten Demokratien"
(Wolfgang Merkel). Oft handelt es sich um Länder, die – Stichwort ‚Singapur-Syndrom‘ – ihre demokratische Legitimation
benutzen, um unmittelbar nach der Wahl die Grundrechtsga-
rantien und Instanzen einer liberal-rechtsstaatlichen Demokratie zu beschneiden, parlamentarische Prärogativen auszuhöhlen
oder die politische Kultur im ganzen unter Kuratel zu stellen.
Im Namen der Wählerlegitimation behindern sie die Justiz, begrenzen die Pressefreiheit oder verschanzen sich hinter einer
folkloristischen Kulissendemokratie, um den menschenrechtli-

chen Kern des Demokratieprinzips zu attackieren. Damit sind nicht nur Führerdemokraten (wie Fujimori in Peru) gemeint; auch junge osteuropäische Demokratien erliegen der Gefahr, das Maß ihrer errungenen Freiheit wieder einzuschränken. In Weißrußland treten präsidiale Vollmachten tendenziell an die Stelle parlamentarischer Diskussion; die wechselseitige Legitimation von Rechtsstaat und Demokratie wird außer Kraft gesetzt und das Prinzip der Gewaltenteilung ausgehöhlt. Zusätzlich werden langwierige Prozesse der öffentlichen Willensbildung durch Referenden oder Fokusgruppen abgekürzt oder durch kampagnengesteuerte Volksentscheide neutralisiert – eine Entwicklung, die nicht auf die jungen Demokratien beschränkt ist. So zeichnet sich das trübe Bild einer postpolitisch illiberalen Gesellschaft ab, die zwar noch den Abstimmungsmodus der Demokratie benutzt, in der zugleich aber die demokratische Partizipation zunehmend durch Akklamation ersetzt wird, die ihrerseits von beeinflußten Medienmonopolen erzeugt werden. Die Kernelemente der klassischen liberalen Demokratie sind in diesen Formaldemokratien nicht mehr enthalten, nämlich: Oppositionsrechte, Minderheitenschutz und vor allem Rechtsstaatlichkeit.

Die zweite, elementare Bedrohung für junge und alte Demokratien kommt ‚von außen‘ und ist geeignet, die genannten Selbstgefährdungen noch zu verstärken. Mit dem Stichwort ‚Globalisierung‘ ist ein Prozeß gemeint, bei dem die Klammer zwischen Nationalstaat und Volkswirtschaft zugunsten transnationaler Kooperationen gelöst wird. Ökonomien entwachsen dem Territorium des Nationalstaates und organisieren sich als ‚staatenlose‘ Konglomerate. Diese im gesetzesfreien Raum operierende, eine eigene globale „Klasse“ ausbildende Ökonomie gefährdet zwar nicht die rechtliche Autonomie der Nationalstaaten, aber sie untergräbt deren politisch-praktische Souveränität, indem sie sich dem Zugriff des Steuer- und Sozialstaates sowie der Entscheidungshoheit nationaler Parlamente entzieht. Hinzu kommt, dass die Macht der *global player* die Regierungen in eine Standortkonkurrenz treibt und einen kostensenkenden Deregulierungswettlauf aufnötigt, bei dem multinationale Investoren einzelnen Ländern bei „Fehlverhalten" mit Auszug drohen oder bei „Goodwill" mit Ansiedlung locken. Auch die mächtigsten Regierungen können sich diesem Katz-und-Maus-Spiel nicht entziehen, obwohl Kapitalbewegungen oft nur symbolisch – damit „arbeitsplatzneutral" – sind und nur auf der digitalen Landkarte der Weltbörse ihre Spuren hinterlassen. Nicht nur das. Während die global vernetzten Ökonomien unter simultanen und kontinuierlichen Zeithorizonten agieren können, ist nationalstaatliche Politik gezwungen, mit einem lokalen Nullsummenspiel zu antworten. Es besteht darin, daß Nationalstaaten ihr „Entgegenkommen", zum Beispiel eine weitere Deregulierung des Marktes, mit sozialen und politischen Kosten begleichen müssen, die auf Dauer den Zusammenhalt ihrer Gesellschaften beschädigen, Stichwort Pauperisierung und Marginalisierung. Beides, die politisch gewollte Deregulierung der Wirtschaft *und* die politisch erwünschte Integration der Gesellschaften, scheinen langfristig unvereinbar. Dahinter steht kaum anderes als die machtpolitische Konfrontation zwischen Kapital und Politik. In diesem Sinne beschrieb der frühere spanische Ministerpräsident Filipe González eine europäische Realität, die vom Übergewicht sozialdemokratischer Regierungen geprägt ist, mit dem nüchternen Satz: „Wir regieren zwar fast überall in der EU, aber wir sind nicht an der Macht."

In dieser Lage, schreibt Ulrich Beck, öffnet sich auf dramatische Weise die Schere zwischen politischem Steuerungsbedarf und faktischer Handlungsohnmacht. Doch daraus den Schluß zu ziehen, die gesellschaftliche Strukturierungsmacht sei vollständig von der Politik an die Ökonomie übergegangen und Politik als Ganzes von der Bildfläche verschwunden, könnte sich als Trugschluß erweisen. Im Übrigen waren es ja gerade die Parlamente, die durch rechtliche Implementierungen den neuerlichen Globalisierungschub ausgelöst haben. Dem Siegeszug der transnationalen Ökonomie, deren Dynamik inzwischen sogar ihren Akteuren zu entgleiten droht, gingen politische Entscheidungen und Liberalisierungsofferten gegenüber den Finanz- und Devisenmärkten sowie dem Handelskapital voraus – u.a. das Bretton-Woods-Abkommen, die einschlägigen Beschlüsse von OECD und GATT.

Die Herausforderung der Demokratie, darin sind sich die Autoren dieses Bandes einig, sind allein mit neoliberalen Konzepten oder eingeübten Regierungshandeln nicht zu bewältigen. Der Neoliberalismus, der Globalisierung ja nur im Singular, also ökonomisch buchstabiert, besitzt keinerlei Sensorium dafür, daß eine vollständig deregulierte Marktgesellschaft ihre demokratische Bestandsvoraussetzung nicht erzeugen kann. Weder vermag sie die politisch-soziale Infrastruktur, noch jene Bindungen und Gewohnheiten hervorzubringen, auf denen auch hochverrechtlichte Demokratien zwingend angewiesen sind. Eine aus allen rechtlichen Regelungen entlassene Weltwirtschaft würde in der Wüste des Sozialen an sich selbst zugrunde gehen. Erst recht nach dem Ende des Kalten Krieges dürfte allen drastisch zu Bewußtsein gekommen sein, daß unter den Bedingungen der *einen* Weltgesellschaft niemand mehr die Folge seines Handelns als ,naturwüchsige' Kosten abwälzen kann – nicht auf ,ferne' Länder und ,fremde' Gesellschaften, nicht auf künftige Generationen oder eine nachsichtige Natur. Wenn ein australisches Unternehmen in Rumänien eine Goldmine betreibt, durch einen Betriebsunfall auf unabsehbare Zeit die Flüsse der Nachbarländer vergiftet und so das Ökosystem einer riesigen Region zerstört, ist das keine innere Angelegenheit eines Staates mehr – genauso, wenn eine Handvoll Börsenbroker mit einem gezielten Angriff die Währung eines Landes kollabieren läßt und den Lebensunterhalt von Millionen Menschen aufs Spiel setzt.

Niemand, der sich den Fakten nicht völlig verschließt, kann das Ineinander von Fortschritt und Risiko, Reichtum und Armut, Produktivität und Destruktivität übersehen. Der Globalisierungsschub, so sehr er der ökonomischen Modernisierung dienen mag, schafft spezifisch moderne Formen von Mißachtung und Ausgrenzung, Depravation und Elend; er läßt gleich-

sam die Produktion entbehrlicher und funktional überflüssiger
Bevölkerungsteile steigen, die dann als „infame Menschen" in
den Armutsgürteln der Metropolen vegetieren und politisch,
rechtlich und sozial aus allen Bezügen ausgeschlossen sind.
Erst recht dort, wo sie imperial verfährt, provoziert eine auf die
Logik von Geld und Wachstum reduzierte Weltgesellschaft of-
fene und versteckte Formen der *Anti-Globalisierung* – religiösen Fanatismus, Fundamentalismus und ethnische Bürgerkrie-
ge. Absichtsvoll wird der barbarische Traum einer ethnisch
homogenen Gemeinschaft wiederbelebt; bis an die Zähne be-
waffnet zeigt sich die regionalistisch verhärtete Gegenwehr gegen eine alternativlose, vermeintlich nur demokratisch getarnte
Weltgesellschaft, die sich – so jedenfalls aus der Perspektive
der Ausgeschlossenen – dadurch auszeichnet, daß sie zusammen mit den Aktienkursen auch die Arbeitslosenzahlen steigen
läßt.

Schwerer zu bestimmen sind Symptome, die sich an der inneren, der seelischen Peripherie der *New Economy* zeigen –
Ungewißheiten und Ängste, die fast zeitgleich mit flächendek-
kenden Flexibilitätsforderungen auftreten und schon in der
primären Sozialisation, bei Kindern, diffuse psychische Geste-
hungskosten verursachen, die derzeit noch unter der Schwelle
öffentlicher Wahrnehmung liegen bzw. ausschließlich den be-
kannten Individualisierungsschüben angelastet werden. Der
Nicht-Beachtung korrespondiert ein steriles, sozial unempfind-
liches und zuweilen soziobiologisch „aufgerüstetes" Erklä-
rungsmuster, wonach Konkurrenz- und Verteilungskonflikte
einem Generationenkampf entspringen. Doch es fragt sich, wie
lange solche von einer „popmodernen" Lifestyle-Kultur gestüt-
zten Stereotypen und „Warum-Nicht-Haltungen" (Beck) die
existentielle Unsicherheit verdecken können, die nicht nur
sprachloses Leiden erzeugt, sondern auch antidemokratische
Sehnsüchte nach einer stabilen, geschlossenen und staatlich be-
hüteten Welt.

Über diese Herausforderung herrscht unter den Autoren
Einmütigkeit, und doch scheiden sich an den Rezepten zu ihrer

Bewältigung die Geister. Wie sieht der Weg aus, der uns dem Ziel stabiler Demokratien und einer makropolitisch zivilisierten Weltwirtschaft näher bringt? Könnte es sein, daß sich nationale Demokratien am besten durch taktischen Opportunismus schützen, durch intelligente und elastische Anpassung an den Weltmarkt bei gleichzeitigem Verzicht auf globale Phantasien? Genügt es nicht, die Herausforderungen vermutlich unregulierbarer Kapitalbewegungen auf *nationaler* Ebene anzunehmen und in vorauseilendem Selbstbewußtsein Werte und Tugenden, Bildung und Ausbildung der Zivilgesellschaft und ihrer Gemeinschaften zu stärken? Könnte es nicht sein, so deuten Alain Touraine und Jean-Marie Guéhenno an, daß die Hoffnung auf eine künftige und vernünftige Weltgesellschaft die Nationalstaaten blind macht - für die faktischen Möglichkeiten, mit denen sie heute schon der globalisierten Ökonomie Paroli bieten können? Wäre es nicht realistischer, das großartige Netz multilateraler und privatrechtlicher Beziehungen weiter auszuspannen, um Nebenfolgen besser abzufedern? Wäre es nicht sinnvoller, wenn die 180 souveränen Staaten das Zusammenspiel zwischen staatlichen und Nicht-Regierungsorganisationen stärken würden – anstatt den Illusionen einer globalen Republik nachzuhängen, die keine Macht der Welt wird durchsetzen können, erst recht nicht gegen die Vetomächte Amerika, Rußland und China? Und was die Menschenrechtspolitik angeht: Hat nicht der Tschetschenienkrieg – trotz Kosovo – die ganze Hilflosigkeit einer neuen aggressiveren Menschenrechtspolitik unter Beweis gestellt? Haben wir nicht gelernt, daß die Thematisierungsmacht der Weltöffentlichkeit auf lange Sicht das einzige Mittel bleibt, um politisch Druck auszuüben? Kurzum: Sollte man nicht der monströsen Vorstellung einer Weltrepublik abschwören, gegen die auch Avishai Margalit im Namen von Immanuel Kant philosophische Einwände erhebt?

David Held wiederum ist skeptisch gegenüber dieser Skepsis – mit ebenso guten Gründen. Weil gegen die beschleunigten Kapitalströme und selbstregulierten Weltmärkte kein nationales Kraut gewachsen sei, werde auch der klügsten Anpassungsstrategie auf lange Sicht der Boden unter den Füßen weggezogen. Für Held ist die transnationale Ökonomie ein Angriff auf das „gerechte" Herz des Staates. Die Drift der Gesellschaft, die wachsende Ungerechtigkeit bilden Sprengsätze, die nationalstaatliche Politik allein nicht wird entschärfen können. Angesichts der Tatsache, daß multinationale Korporationen die Grenzen zwischen Binnen- und Außenwirtschaft ständig unterlaufen, bedürfe es einer überstaatlichen Einhegung ihrer ökonomischen Macht; die Politik muß auf der freien Wildbahn des Weltmarktes die Rahmenbedingungen in Richtung auf ein System globaler Verantwortung so verändern, daß sich die überhitzte ökonomische Revolution abkühlt und nationalstaatliche Demokratien vom selbstmörderischen Anpassungsdruck entlastet werden.

Also doch: Rückkehr zur Politik – diesmal im Weltmaßstab? Oder ist es wieder nur eine typisch eurozentrische Utopie, zu glauben, politische Regelungskompetenzen könnten global ‚nachwachsen' und Funktionen, die in den alten Volkswirtschaften von den nationalen Regierungen wahrgenommen wurden – Steuererhebung, die rechtliche Regulierung der Kapital- und Finanzströme – könnten an supranationale Instanzen übertragen werden? Welche politisch unabhängige, demokratisch legitimierte Macht kann ökologische und soziale Mindeststandards durchsetzen – jene minimale Verteilungsgerechtigkeit, die auch den intelligenteren Verteidigern des klassischen Nationalstaates längst als unabdingbar erscheint? Wer soll angesichts schier unversöhnlicher Interessengegensätze eine demokratisch verfaßte Freiheit in einer transnationalen Weltinnenpolitik durchsetzen? Wer soll eine transkulturelle Rechts- und Friedensordnung mit Sanktionsrecht installieren, ohne dabei in den Zirkel von Recht und Gewalt zu geraten? Ist eine globale Balance von Demokratie und Markt überhaupt vorstellbar – eine Balance zudem, die nicht nur das Recht auf kulturelle Differenzen respektiert, sondern auch empfindlich ist für die Verletzbarkeit nationaler Kulturen? Wie kann man verhindern, daß eine an universalen Gerechtigkeitsprinzipien orientierte Politik umschlägt in Uniformität und Standardisierung?

Auf viele Fragen, die sich die Autoren angesichts einer
postnationalen Konstellation der Demokratie stellen, gibt es nur
experimentelle Antworten – und noch mehr Fragen. Niemand
bestreitet, daß sich die Vereinten Nationen vor allem durch die
Kollektivhegemonie von fünf Staaten (den Vetomächten im
Weltsicherheitsrat) auszeichnen. Niemand behauptet, es gebe
ein europäisches Parlament, das seinen Namen verdient. Noch
unwahrscheinlicher erscheinen globale Verfahren der Willensbildung, für die es einer vitalen und freien Öffentlichkeit
bedürfte. Kann es sie geben, wenn doch schon die nationale Öffentlichkeit, wie Zygmunt Bauman schreibt, von Entpolitisie-
rung und Kommerzialisierung kontaminiert ist? Andere Zeichen hingegen weisen in eine ermutigende Richtung. Sollte der
anhaltende internationale Protest gegen die Todesstrafe die erste Gestalt eines globalen Rechtsbewußtseins sein? Und der
Protest von Seattle gegen die kapitalfreundliche Politik der
WTO die erste Manifestation einer Weltöffentlichkeit, die die
Passivität der Politik nicht länger als Naturtatsache hinnehmen
will?

Alle Beiträger dieses Bandes, dem eine Artikelserie der
ZEIT zugrunde liegt, machen sich über die Zerbrechlichkeit
demokratischer Strukturen keine Illusionen; sie teilen eine auf-
geklärte Skepsis gegenüber supranationalen Organisationen –
erst recht gegenüber einem globalen Etatismus, der Menschenrechte sagt, aber Kapitalismus meint. Solche Aussichten mah-
nen zur Bescheidenheit. Doch die Forderungen, die aus der Bescheidenheit erwachsen, sind immer noch schwindelerregend
und visionär genug. Gegen den Fatalismus, den die Parteigän-
ger einer vernunftkritisch abgerüsteten Postmoderne unterbrei-
ten, bestehen zum Beispiel Pierre Bourdieu und Günter Grass
auf der Selbstkorrektur der Weltgesellschaft und einer Zivilisie-
rung ihrer Ökonomie. In einem Gespräch, das der Fernsehsender Arte in Zusammenarbeit mit Radio Bremen aufgezeichnet
und die ZEIT in Auszügen vorab gedruckt hat, plädieren sie für
den Widerstand der Politik gegen die wirtschaftliche Mediati-
sierung und Aufzehrung der Demokratie. Globale Regelungen

sollen die Nationalstaaten nicht ihrer Souveränität berauben. Sie sollten sie vielmehr von der Drohung befreien, ihre Lebenswelten könnten eines Tages den unverwechselbaren Eigensinn vollständig verlieren.

Thomas Assheuer/Werner A. Perger

Ich oder die Gemeinschaft

Zwischen Globalisierung und Individualismus

Francis Fukuyama

Welche Zukunft hat die liberale Demokratie? Wir wüßten gerne, ob sie stabil bleibt, ob sie in der Lage ist, sich auch auf die zurzeit autoritären Staaten auszudehnen. Oder ob die Demokratie, wie in den dreißiger Jahren, vielleicht wieder in Bedrängnis und ins Stocken gerät.

Die Antwort hängt ab vom Zeithorizont, den man wählt. Auf kürzere Sicht sind die Aussichten nicht gut. Auf längere Sicht hingegen besteht kein Anlaß zum Zweifel an Alexis de Tocquevilles Versicherung, wonach die Demokratisierung schon in den 800 Jahren vor seiner Zeit begonnen hatte, auch nicht an seiner Vorhersage, daß die Demokratie sich weiter verbreiten werde.

In der Vergangenheit fand die Demokratisierung in Wellen statt. Zwischen den siebziger und den neunziger Jahren gab es eindeutig das, was Samuel Huntington eine „dritte Welle" neuer Demokratien nannte, in Südeuropa, Lateinamerika, Asien und der ehemaligen kommunistischen Welt. Diese Welle hat ihren Höhepunkt offenkundig überschritten und befindet sich nun auf dem Rückzug.

Gerade während ich dies schreibe, benutzt Hugo Chavez in Venezuela seinen Wählerauftrag dazu, die demokratischen Einrichtungen und den Rechtsstaat abzubauen, so, wie Fujimori es vor ihm in Peru getan hat. Jene ehemals kommunistischen Staaten, die über die kulturellen und institutionellen Voraussetzungen für einen erfolgreichen Übergang zu Demokratie und Marktwirtschaft verfügten, darunter Polen, Ungarn und die Tschechische Republik, haben das nunmehr geschafft. Andere, wie Rußland und die Ukraine, befinden sich in großen Schwierigkeiten und werden in absehbarer Zeit kaum Anwärter auf eine Mitgliedschaft in der Europäischen Union werden. In Rußland und der Ukraine sind die Reformen ins Stocken geraten. Was sich in diesen Ländern entwickelt hat, ist weder Plan- noch Marktwirtschaft, samt korrupten politischen Einrichtungen, die das Volk zunehmend als illegitim ansieht.

Inzwischen ist die neoliberale Wirtschaftspolitik, die nicht nur in der ehemals kommunistischen Welt eingeführt wurde, sondern auch in ganz Lateinamerika sowie in anderen Teilen der Welt, intellektuell in Ungnade gefallen. Die Währungskrisen und Rezessionen, die Länder wie Mexiko, Thailand, Südkorea und Brasilien heimgesucht haben, riefen eine wachsende Zahl gut organisierter Gegenbewegungen hervor, die ein Ziel gemeinsam haben: die Liberalisierung zu stoppen und rückgängig zu machen.

Für viele sind die Finanzkrise Asiens und die tiefgreifende Instabilität der aufstrebenden Märkte von 1997 bis 1999 ein Zeichen für die Grenzen der Globalisierung. Etliche Beobachter sehen in der Globalisierung sogar eine echte Bedrohung für die Gesundheit und das Glück der Menschen. Die Öffnung zu freieren Märkten und einer freieren Politik ist so gebremst worden. Da wir die Neigung der internationalen Politik kennen, sich einem allgemeinen Trend anzuschließen, können wir eine weitere Absetzbewegung von den Positionen der späten achtziger Jahre erwarten.

Und doch spricht auf längere Sicht eine starke Logik dafür, daß sich die liberale Demokratie auf der ganzen Welt ausbreiten wird. Letztlich hängt die Entwicklung der Menschheitsgeschichte im Sinne von Hegel und Marx von den modernen Naturwissenschaften ab, die den technischen Fortschritt fördern. Dieser Fortschritt eröffnet eine Vielfalt von Produktionsmöglichkeiten und führt zu dynamischen ökonomischen Modernisierungsprozessen. In einem Konkurrenzsystem von Nationalstaaten ist es überaus schwierig, sich aus diesem Wettlauf herauszuhalten. Selbst wenn ein Land sich entschließt, modernste Technologie nicht zu übernehmen wie Japan während der To-

kugawa-Periode im 16. Jahrhundert, als es den Feuerwaffen ab-
schwor, taucht früher oder später doch jemand wie Commodore
Perry mit besseren Waffen oder einem verlockenden Lebens-
standard auf – und schafft ein Nachholbedürfnis.

Diese Angleichung ökonomischer Einrichtungen vor einem
sich stetig weitenden technologischen Horizont nennen wir
Globalisierung. Und das Wesen der Globalisierung hat sich
zwischen dem Anfang und dem Ende des 20. Jahrhunderts entscheidend verändert. Während die Ökonomen gern darauf ver-
weisen, daß internationaler Handel und internationale Investitionen als Teil der gesamten Weltleistung heute kaum höher als
vor einem Jahrhundert sind, hat die moderne Kommunikations-
technologie die Welt in einer Weise zusammengeführt, wie es
damals kaum vorstellbar war. So konnte den Ostdeutschen die
Kenntnis des westdeutschen Lebensstandards nicht verwehrt
werden, und noch im abgeschiedensten Dorf in Mittelamerika
oder im Nahen Osten werden Baywatch oder Seinfeld empfan-
gen. Informationen erreichen heute den letzten Winkel der Er-
de. Deshalb ist die Möglichkeit, aus dem technologischen Fahr-
stuhl einfach auszusteigen, begrenzter als je. Die ihrem Wesen
nach grenzenlose elektronische Technologie macht die meisten
Kulturgemeinschaften durchlässig und setzt sie fremden Ein-
flüssen aus. Das hat eine enorm demokratisierende Wirkung,
denn die Technologie eröffnet zahllose Möglichkeiten, die nationalen Türhüter von Wissen und Information zu umgehen.

Die Globalisierung fördert die liberale Demokratie auf vielfältige Weise. Die globale Wirtschaft verlangt die Schaffung von
Einrichtungen, die zunächst einmal das Funktionieren der Märkte
gewährleisten. Doch dies greift über auf das Terrain der politischen Werte; ausländische Investoren verlangen eine transparente
Rechtsstaatlichkeit und ein System stabiler Eigentums- und Per-
sönlichkeitsrechte. Thomas Friedman beschreibt in The Lexus
and the Olive Tree (deutsche Ausgabe: Globalisierung verstehen,
Ullstein, 1999) zahlreiche Situationen, in denen der Wunsch nach
Teilnahme an der globalen Wirtschaft aus rein wirtschaftlichen
Erwägungen einen demokratisierenden Effekt hatte: So war es

den prodemokratischen Aktivisten im Indonesien Suhartos zwar
verboten, die Regierung direkt zu kritisieren, die Kritik der Welt-
handelsorganisation an der Vetternwirtschaft der Familie Suharto
durften sie gleichwohl zitieren.

Wohlstand als solcher erzeugt tendenziell eine stabile Demokratie: Es gibt kein historisches Beispiel für ein demokrati-
sches Land mit einem jährlichen Pro-Kopf-Einkommen von
über 6000 Dollar, das in ein autoritäres Regime zurückgefallen
ist. Fortschreitende Globalisierung und wachsender Wohlstand
dürften daher immer mehr Gesellschaften den Anreiz bieten,
sich der Demokratie zuzuwenden und alle dem, was zu ihrer
Erhaltung notwendig ist.

Die Frage ist daher: Wird die Globalisierung ihr Versprechen eines höheren Lebensstandards in jenen Ländern, die ihre
Bedingungen akzeptieren, einlösen? Die Finanzkrise in Asien
war deshalb von besonderer Bedeutung, weil sie den Gedanken
aufkommen ließ, die neue globale Weltordnung sei im Grunde
instabil und als Wachstumsmotor nicht zuverlässig. Immerhin
war Asien bis 1997 ein Paradebeispiel für die positiven Auswirkungen der Globalisierung: Quer durch die Region sind
Staaten innerhalb von rund 40 Jahren vom Dritte-Welt-Stan-
dard zum Status der Ersten Welt aufgestiegen, wobei ihre
Wachstumsraten die des Westens aus der Zeit seiner Industria-
lisierung bei weitem übertrafen. Ende 1997 aber fiel ein Land
wie Südkorea innerhalb weniger Monate vom zwölften auf den
zwanzigsten Rang der Industriestaaten zurück, in Indonesien
stürzten Millionen von Menschen in die Armut. Im Spätsom-
mer 1998, nachdem Rußland zahlungsunfähig geworden war,
hatte es kurze Zeit den Anschein, als würde eine Panik in den
neuen Märkten die gesamte Weltwirtschaft in eine Krise ähnlich der in den dreißiger Jahren stürzen. Tatsache aber ist, daß
die Krise sich nicht ausbreitet. Dank der Fähigkeit der amerikanischen Zentralbank, die Finanzmärkte mit Liquidität zu über-
schwemmen, wurde sie erfolgreich eingedämmt.

Rückblickend kann man sagen, diese Krise entstand aus einer komplexen Mischung aus Fehlern seitens der betroffenen

Länder, internationaler Investoren und der zuständigen internationalen Finanzeinrichtungen: Korea und Thailand liberalisierten ihre Kapitalmärkte, bevor sie adäquate Regulierungssysteme installiert hatten; die europäischen Banken schenkten den Risiken der asiatischen Immobilienmärkte zu wenig Beachtung; und der Internationale Währungsfonds drängte zu stark auf eine rasche Liberalisierung der Kapitalmärkte.

Alle diese Probleme sind durch Korrekturen der Politik behebbar, und tatsächlich sind die meisten asiatischen Staaten inzwischen wieder wie vorher auf Wachstumskurs. Von der Krise wurden viele der betroffenen Länder zu Reformen gezwungen, die letztlich Demokratie und Rechtsstaatlichkeit zugute kommen werden wie eine größere Transparenz bei Finanzgeschäften und Maßnahmen gegen Korruption. Die Wirtschaftskrise von 1997 bis 1999 sollte ein Weckruf sein, um die vielen Aspekte der so genannten Washington consensus-Politik der frühen neunziger Jahre zu überdenken, etwa den Ablauf der Liberalisierung bei den Kapitalmärkten – was aber nicht heißt, die globale Wirtschaft hätte aufgehört, ein Wachstumspfad zu sein.

Die Globalisierung konfrontiert die liberale Demokratie mit einer Reihe anderer Herausforderungen, etwa der abnehmenden Kontrolle der demokratischen Öffentlichkeit über ihre eigene Gesellschafts- und Wirtschaftspolitik, sinkenden Einkommen und/oder Langzeitarbeitslosigkeit bei ungelernten Arbeitern in den entwickelten Ländern sowie dem Fehlen internationaler Kontrollmechanismen, die gegenüber der demokratischen Öffentlichkeit verantwortlich sind. Andere Autoren haben sich ausführlich mit diesen Themen auseinander gesetzt, daher möchte ich an dieser Stelle darauf verzichten. Lieber wende ich mich dem zweiten wichtigen, nämlich dem inneren Aspekt der demokratischen Entwicklung zu: der Frage der Lebensqualität in den gefestigten Demokratien. Ich glaube nicht, daß die wichtigste Herausforderung der modernen Demokratie die andauernde gesellschaftliche und wirtschaftliche Ungleichheit ist. Die Menschen sind ungleich in ihren individuellen Fähigkeiten;

Gruppen hingegen unterscheiden sich in ihrem kulturellen Kapital. Die heutigen Demokratien sind nicht verpflichtet, gleiche Ergebnisse zu gewährleisten, sondern adäquate Chancen zu sozialer Mobilität. Dieser Zugang zu Mobilität hat sich in den meisten gegenwärtigen Demokratien im Lauf der Zeit denn auch vergrößert. Noch wichtiger ist aber die Fähigkeit der modernen liberalen Demokratie, die Gemeinschaft zusammenzuhalten, und zwar so, daß es nicht zu sozialer Exclusion, zu Ausgrenzung und zu Haß zwischen Volksgruppen oder Rassen kommt.

Das Problem ist dabei weniger die Demokratie als ein falsch verstandener Liberalismus: die übertriebene Betonung der Autonomie des Einzelnen gegenüber der Gemeinschaft als Basis für moderne Wirtschaft und moderne Politik. Der liberale Individualismus zerstört Gemeinschaft auf allen Ebenen, von der Familie und der Nachbarschaft bis zum Arbeitsplatz und zum Staat, indem er die Autorität von Institutionen untergräbt und die Kultur – das heißt: den Bereich gemeinsamer Werte und Sinngefüge – auf eine schmale Sphäre reduziert. Gesellschaften, die einst durch die engen Bindungen von Religion, Tradition und lokaler Gemeinschaft zusammenhingen, sind nun zu veränderlichen, vergänglichen Netzwerken überlappender Identitäten geworden, deren Zusammenhang breiter und zugleich unverbindlicher wird. In gewissem Sinn treibt das Internet diese Logik zum Äußersten: Man kann mit jeder beliebigen Zahl von Menschen auf der ganzen Welt und über alle kulturellen Grenzen hinweg in Kontakt treten, doch mit zunehmender Kurzlebigkeit und Oberflächlichkeit.

Der Erhalt der Gemeinschaft ist nicht nur für fortgeschrittene, sondern auch für junge oder aufstrebende Demokratien eine Herausforderung. Das Stichwort dafür ist die Zivilgesellschaft. Es ist mittlerweile eine Platitude, daß die liberale Demokratie nicht ohne eine intakte Zivilgesellschaft aufrechtzuerhalten ist. Der Unterschied in der postkommunistischen Entwicklung zwischen Polen, Ungarn und der Tschechischen Republik einerseits und Rußland sowie der Ukraine andererseits hat zumindest teilweise mit dem nahezu vollständigen Fehlen einer Zivilgesellschaft in den letztgenannten Staaten zu tun. Die Unfähigkeit der Menschen, sich auf einer freiwilligen und demokratischen Basis zusammenzuschließen, macht es wahrscheinlicher, daß dies auf der Basis einer intoleranten Gemeinschaft geschieht, das heißt in Gruppen, die sich auf Rasse, Ethnie oder Nationalismus gründen.

Das Problem liberaler Demokratien, junger wie alter, besteht darin, daß viele von ihnen eine Gemeinschaft und gemeinsame Werte in Gesellschaften schaffen müssen, die de facto multikulturell geworden sind und das wahrscheinlich in der Zukunft noch mehr werden. Die Vereinigten Staaten, Kanada, Australien und andere so genannte neu besiedelte Länder sind das schon seit langem. Doch auch für die europäischen Nationen wird es im kommenden Jahrhundert als Folge ihrer sehr niedrigen Geburtsraten fast unausweichlich sein, auf die Arbeitskraft von Ausländern zurückzugreifen, sollen sie als Gesellschaften nicht verschwinden.

Liberale Gesellschaften müssen kulturelle Vielfalt tolerieren und daraus Nutzen ziehen. Keine Gesellschaft aber kann ohne gemeinsame Normen und Werte bestehen. Eine gemeinsame Kultur innerhalb einer de facto multikulturellen Gesellschaft stützt sich daher weit mehr auf Bürgersinn und politische Werte als auf Rasse, Ethnizität oder Religion. In dieser Hinsicht wird Europa, wo die Identität viel stärker mit Volkszugehörigkeit verknüpft ist, im kommenden Jahrhundert mehr Probleme bekommen als die meisten Länder der westlichen Hemisphäre.

Letztlich läßt sich unmöglich vorhersagen, ob es den liberalen Demokratien der Zukunft gelingen wird, eine adäquate moralische Basis für das Zusammenleben und die Zusammenarbeit ihrer Völker zu schaffen. Immerhin können wir uns damit trösten, daß auch in der Vergangenheit viele Gesellschaften technologischen Veränderungen unterworfen waren, in denen bestehende moralische Arrangements aufbrachen. Dennoch gelang ihnen mit der Zeit die Wiederherstellung einer morali-

schen Ordnung und einer intakten Gemeinschaft. So erlebte der
Westen in der ersten Hälfte des 19. Jahrhunderts im Zuge seiner Umwandlung von einer Agrar- zu einer Industriegesellschaft eine gewaltige Erschütterung seiner Werte. Und doch
hatte er zu Beginn des 20. Jahrhunderts neue Normen und Einrichtungen zu schaffen vermocht, die den veränderten Bedingungen entsprachen. Wir wissen nicht, ob dies auch künftig so
sein wird. Was wir aber wissen, ist dies: Die Menschen verfügen über sehr starke innere Fähigkeiten, sich eine Ordnung und
Spielregeln zu geben.

Viel wird davon abhängen, wie sich die Weltwirtschaft in
den kommenden Jahren entwickelt. So unausweichlich die Globalisierung auch sein mag, ob sie als Kraft zum Guten oder Bösen gelten wird, hängt weitgehend davon ab, ob sie ihr Versprechen eines schnellen Wirtschaftswachstums einzulösen vermag.
Trotz aller Rückschläge und ökonomischer Instabilität bleibt
doch die Tatsache, daß es keine Alternativen zur Globalisierung als Weg zur wirtschaftlichen Entwicklung gibt. Mexiko
hat nach der verheerenden Krise des Peso trotz seiner starken
marxistischen und nationalistischen Traditionen keine andere
Möglichkeit gesehen, als sich beharrlich an den nordamerikani-
schen Freihandel anzuhängen. Das asiatische Modell, das als
plausibler Rivale einer liberalen Annäherung an die Globalisierung erschien, wird nach der anhaltenden Stagnation Japans
und den Problemen, denen sich andere Länder in dieser Region
ausgesetzt sehen, nicht mehr ernst genommen.

Demokratie und Marktwirtschaft sind nach wie vor der
einzige gangbare Weg. Solange das gilt, können wir zuver-
sichtlich sein, daß beide Bestand haben bis weit ins nächste
Millennium.

Deutsch von Eike Schönfeld

Die Demokratie zwischen den Fronten

Wie die Veröffentlichung des Privaten den politischen Raum zerstört

Zygmunt Bauman

Von Aristoteles haben wir gelernt, das oikos von der ecclesia zu unterscheiden, also dieses behagliche, zuweilen aber auch stürmische Territorium des Privaten, auf dem wir von Angesicht zu Angesicht vertrauten anderen begegnen und die Formen unseres gemeinsamen Lebens verhandeln, von jener fernen Domäne, welche wir nur selten persönlich aufsuchen, wo jedoch die öffentlichen Angelegenheiten, die Dinge, die unser aller Leben betreffen, geregelt werden. Es gibt aber noch einen dritten Bereich. Er befindet sich zwischen den beiden anderen: die agora, ein Raum, der, weder richtig privat noch gänzlich öffentlich, ein bißchen von beiden hat. In der agora treffen „das Öffentliche" und „das Private" aufeinander, lernen einander kennen wie auch die schwierige Kunst des friedlichen (und nutzbringenden) Zusammenlebens.

Die agora ist die Heimstatt der Demokratie. Deren Puls mißt sich nach der Häufigkeit, mit der die agora aufgesucht wird, nach der Anzahl der Menschen, die sie besuchen, sowie der Dauer ihres Aufenthalts. Bei diesen Besuchen wird die Arbeit der Übersetzung zwischen oikos und ecclesia, dem Privaten und dem Öffentlichen, geleistet. Demokratie ist denn auch die Praxis der stetigen Übersetzung zwischen den beiden Bereichen, zwischen der Umwandlung privater Probleme in öffentliche Angelegenheiten und der Umformung öffentlicher Wohlfahrt in private Projekte und Aufgaben.

Wie jede Übersetzung ist sie nie perfekt und immer verbesserungsfähig. Und wie jede Übersetzung legt sie auf beiden Seiten des Übersetzungsprozesses neue Schichten von Möglichkeiten frei. Schleiermacher hat uns gelehrt, daß die Interpre-

tation aus einem endlos sich drehenden „hermeneutischen Zirkel" besteht. Die Übersetzung kann man sich in gleicher Weise
vorstellen. Die Demokratie ist ein „Übersetzungszirkel". Hört
die Übersetzung auf, endet die Demokratie. Will sie ihr Wesen
nicht verraten, kann die Demokratie keine Übersetzung als ab-
geschlossen und nicht mehr verhandlungsfähig betrachten. Eine
demokratische Gesellschaft erkennt man darum an ihrem nie
ganz überwundenen Verdacht, ihre Arbeit sei unvollendet – sie
sei mithin noch nicht demokratisch genug.

Folgt man dem französischen Philosophen Cornelius Cas-
toriadis, dann hat keine Formel die Essenz der Demokratie besser erfaßt als edoxe te boule kai to demo („Es erscheint Rat und
Volk gut"). Diese Formel wurde von den Athenern allen Gesetzen, die sie erließen und die sie befolgt haben wollten, als Rou-
tinepräambel vorangestellt. „Erscheint gut" – und nicht „ist
gut". Was heute als gut erscheint, muß es schon morgen, wenn
Rat und Volk sich erneut in der agora versammeln, nicht mehr
sein. Niemals kommt das Gespräch zwischen ecclesia und oikos zum Stillstand.

Möglichkeit und Durchführbarkeit der Übersetzung hängen von derselben Bedingung ab: von der gleichzeitigen Autonomie der Gesellschaft und ihrer Mitglieder. Die Bürger
müssen autonom sein – frei, sich eine eigene Meinung zu bilden und gemeinsam daran zu arbeiten, Worte mit Leben zu
erfüllen. Und die Gesellschaft muß autonom sein – frei, sich
ihre Gesetze zu geben und dabei zu wissen, daß es für die
Güte der Gesetze keine andere Gewähr gibt als die ernste und
genaue Wahrnehmung dieser Freiheit. Doch diese beiden Au-
tonomien ergänzen einander nur unter der Voraussetzung, daß
ihre Bereiche einander überlappen und alles Notwendige um-
fassen, damit das gemeinsame Leben gut ist. Man könnte sagen: Was das Gespräch zwischen Rat und Volk mit Bedeutung erfüllt, ist die Erwartung, daß das, was beiden Seiten
„gut erscheint", tatsächlich auch zu einem Gesetz wird, dem
beide Seiten gehorchen und von dem sie sich beherrschen lassen. Um in der Ausübung ihrer Autonomie einen Sinn zu er-

kennen, müssen die Bürger unterstellen, die Gesellschaft sei ebenfalls autonom.

Wenn diese wechselseitige Autonomie die Demokratie ausmacht, dann ist sie heute einer doppelten Bedrohung ausgesetzt. Die eine Bedrohung ergibt sich aus der wachsenden Ohnmacht der ecclesia, der öffentlichen Kräfte, dasjenige zu verfügen, was „als gut erscheint", und das Verfügte auch durchzusetzen. Eine andere Bedrohung, die mit der Ersten verwandt ist, entsteht aus dem Schwinden der Kunst der Übersetzung zwischen ecclesia und oikos: öffentlichen Belangen und privaten Problemen. Das Überleben der Demokratie entscheidet sich gegenwärtig an diesen beiden Fronten.

Um mit der ersten Bedrohung zu beginnen: Macht wird zunehmend von Politik abgetrennt. Macht, wie Manuel Castells sagt, fließt. Hingegen bleiben sämtliche politischen Einrichtungen, die während der 200-jährigen Geschichte der Demokratie festgeschrieben wurden, das, was sie waren: fest gefügt. Heute ist Macht global und exterritorial, Politik aber territorial und lokal. Macht bewegt sich ungehindert und mit der Geschwindigkeit elektronischer Signale. Paul Virilio meint, die Nachrufe auf die Geschichte seien zwar maßlos verfrüht, allerdings seien wir Zeugen des Endes der Geografie: Entfernungen spielen keine Rolle mehr. Die Politik hingegen hat als Werkzeug nur den Staat, dessen Souveränität wie zuvor in räumlichen Begriffen definiert und darauf beschränkt ist. Macht wird gemeinhin an der Fähigkeit gemessen, Verpflichtungen zu umgehen oder zu lösen; Machtlosigkeit hingegen ist die Unfähigkeit, Entwicklungen anzuhalten oder zu verlangsamen. Die Bereitschaft, sich jederzeit zu entziehen, wird zur Hauptstrategie globaler Mächte: hit and run – rasch zuschlagen und weg.

Die Kluft zwischen institutionalisierter politischer Kontrolle und dem Raum, in dem die für das menschliche Leben bedeutendsten Angelegenheiten entschieden werden, wächst ständig. Dieser Raum liegt nicht mehr im Machtbereich des souveränen Staates – der bislang einzigen Totalität, die das demokratische Procedere verkörpert und institutionalisiert

hat. Bislang sind alle (natürlich halbherzigen) Versuche souveräner Staaten, diese Leere kollektiv zu füllen, kläglich gescheitert. Die folgenlosen Uruguay-Resolutionen oder die
Unmöglichkeit, in so wesentlichen Fragen wie Genmanipula-
tion oder Klonen zu einem gemeinsamen Standpunkt zu gelangen, haben das gezeigt. Der Krieg in Jugoslawien hat viele
Abschiede signalisiert – aber er war auch ein Nagel im Sarg
jener Staatssouveränität, die während eines Großteils der modernen Geschichte die Basis der Weltordnung und der Demokratie bildete. Er verurteilte die Vereinten Nationen, also jene
Antwort auf die Globalisierung, deren Ausgangspunkt das
Prinzip der Souveränität war, zur Bedeutungslosigkeit. Kurz:
Eine globale Demokratie ist nicht einmal im Ansatz zu erkennen.

Der englische Soziologe Anthony Giddens benutzte die
Metapher des juggernaut, um zu veranschaulichen, wie sich das
moderne Leben ausgebreitet hat (diese Vorstellungen vom juggernaut, einem gewaltigen Fahrzeug, unter das die von religiö-
ser Ekstase gepackten Gläubigen angeblich sprangen, um sich
freudig davon zerquetschen zu lassen, wurde aus Indien von
seinen britischen Herrschern importiert, wonach es in der britischen Metaphorik den biblischen Moloch ersetzt hat). Wie pas-
send diese Metapher ist, um die Dynamik der Moderne zu erfassen, sei dahingestellt, doch sie beschreibt präzise die Logik
der Globalisierung.

Natürlich beschränkt sich religiöse Ekstase heutzutage auf
die Hofdichter der aufstrebenden Mächte oder ihre Verkünder
wie Francis Fukuyama oder Thomas Friedman. Für die nüchternen Staatsmänner unserer profanen Zeiten wird auch ein
Update der Staatsräson reichen: Das „Tina-Prinzip", eine von
Pierre Bourdieu vorgeschlagene Abkürzung für „There is no alternative" (Es gibt keine Alternative) wird zunehmend zum
Zeichen staatlicher Besonnenheit. Der Glaubenssatz der Ver-
fechter des globalen freien Markts: Wir können nichts tun, um
das Ding aufzuhalten – und wenn du sie nicht schlagen kannst,
verbünde dich mit ihnen.

So oder so, das Ergebnis ist im wesentlichen dasselbe. Die politische Weisheit beschränkt sich darauf, der freien Bewegung des Finanz- und Handelskapitals die Tore weit zu öffnen und das Land für die mächtigen Nomaden möglichst gastlich und verführerisch zu gestalten, indem man die Regeln minimiert und die Flexibilität von Arbeits- und Finanzmärkten maximiert. Mit anderen Worten, die ecclesia benutzt ihre Macht dazu, ihre Macht abzugeben. Die Regierungen wetteifern darum, den juggernaut in ihre Richtung zu locken.

Der deutsche Soziologe Claus Offe hat vor einigen Jahren einmal angemerkt, unsere komplexe gesellschaftliche Wirklichkeit sei so starr geworden, daß jegliche kritische Reflexion über ihre Mechanismen ohne praktische Folge sei. Doch die Zähigkeit eines Steaks ist ihrerseits eine Reflexion über die Schärfe des Messers oder der Zähne. Wenn kein Messer mehr auf dem Tisch liegt und einem die Zähne, gesunde wie kranke, nacheinander gezogen werden, hat man nichts mehr, womit man in das Steak beißen kann. Daher ist heute das quälendste aller politischen Rätsel weniger, „was zu tun ist", als vielmehr, „wer es tun würde, wenn wir es wüßten". Wenn das Maß praktischen Handelns die Stärke der Werkzeuge ist, erwarten die meisten vernünftigen Menschen von ihrer lokalen ecclesia nicht viele Taten. Denn allzu klar ist ihnen, wie beschränkt ihr Spielraum geworden ist. Jedem, dem das Wohlergehen des oikos am Herzen liegt, erscheinen die Versammlungen in der agora, um dort gemeinsame Interessen zu verhandeln, zunehmend als Zeitvergeudung. Was die politischen Profis der ecclesia angeht, so sehen offenbar auch sie keinen Grund mehr, die agora zu besuchen. Und sie können gleichfalls nur wenig mehr beitragen als die wiederholten Mahnungen, die Dinge so zu nehmen, wie sie kommen, und eben allein hineinzubeißen – mit privaten Messern und künstlichen Zähnen.

Die agora ist verlassen worden. Doch lange leer geblieben ist sie nicht. Sie hat sich wieder gefüllt – nun aber mit Tönen, die aus dem oikos dringen. Wie Peter Ustinov, der geistreiche britische Erzähler, bemerkte: „Wir leben in einem freien Land,

Madam. Wir haben das Recht, Ihre Privatheit mit Ihnen in einem öffentlichen Raum zu teilen." Für den französischen Soziologen Alain Ehrenburg bezeichnet ein Mittwochabend im Oktober 1983 einen Wendepunkt in der französischen Kultur- (und nicht nur Kultur-)Geschichte. An jenem Abend verkündete eine gewisse Viviane vor Millionen von Fernsehzuschauern, ihr Mann Michel leide an Ejaculatio praecox, und sie selbst habe, was nicht weiter überrascht, beim Geschlechtsverkehr noch nie Lust empfunden.

Seit diesem folgenreichen Ereignis sind unzählige Talkshows zum wichtigsten Fenster geworden, das die Fernsehsender auf dem gesamten Erdenrund zur Welt des Menschlichen hin aufstoßen. Was die Zuschauer durch dieses Fenster sehen, sind Menschen, die intime Erlebnisse bekennen, die noch nie zuvor in der Öffentlichkeit kundgetan wurden. Und die große Lehre, die sie ad nauseam hören können, ist, daß jeder von uns sich ja mit denselben Sorgen herumschlagen muß, und zwar jeder für sich allein und mit den eigenen fünf Sinnen und der eigenen Zähigkeit, und daß ihm dabei nur die raffinierten Apparaturen helfen, die er clevererweise in den Kaufhäusern aufgespürt hat.

Nun drängt sich das Private nicht auf die Szene, um mit dem Öffentlichen in eine Wechselwirkung einzutreten. Während es vor aller Augen breitgetreten wird, erlangt das Private keine neue Qualität. Wenn überhaupt, wird das Private in seiner Privatheit noch verstärkt. Die gesendeten Plaudereien „normaler Leute" wie Viviane und Michel und der Exklusiv-Klatsch über das Privatleben von Showstars, Politikern und anderen Berühmtheiten sind öffentliche Lektionen über die Leere des öffentlichen Lebens und die Vergeblichkeit von Hoffnungen, die sich auf alles richten, was weniger privat ist als private Nöte und private Heilmittel. Heute betreten die einsamen Einzelnen die agora nur deshalb, um dort andere einsame Einzelne anzutreffen. In ihrer Einsamkeit beruhigt und bestätigt, kehren sie wieder nach Hause zurück.

Das ist der gordische Knoten, der die Zukunft der Demokratie an Händen und Füßen bindet: Die zunehmende Machtlosigkeit öffentlicher Einrichtungen nimmt dem Interesse an gemeinsamen Belangen und Standpunkten die Attraktion; währenddessen erleichtern die nachlassende Fähigkeit und der schwindende Wille, privates Leid in öffentliche Angelegenheiten zu übersetzen, jenen globalen Kräften die Arbeit, die diese Machtlosigkeit herbeiführen und sich an deren Ergebnis nähren. Es wird der Einsicht und des Mutes eines Alexander bedürfen, diesen Knoten zu durchschlagen.

Deutsch von Eike Schönfeld

Die postnationale Gesellschaft und ihre Feinde

Globalisierung, Politikverlust und die neue Beliebigkeit der „Warum-nicht-Gesellschaft" bedrohen die Freiheit

Ulrich Beck

Was kommt nach Rot-Grün? Nach New Labour? Wenn die Politik der linken Mitte in Europa gescheitert ist? Meine Vermutung: Neue Totalitarismen des Warum-eigentlich-Nicht, die überall (nicht nur in Österreich oder der Schweiz) an die Macht drängen. Um diese Einschätzung zu begründen, werde ich die Frage nach der Ortsbestimmung des Politischen in der Zweiten Moderne aufrollen.

I.

Seit ihren Anfängen, seit der griechischen Antike wird Demokratie, wird Politik territorial, das heißt in der Gleichsetzung von Raum, Staat und politischer Gemeinschaft gedacht und praktiziert. Die frühgriechischen Stadtstaaten, aber auch die historisch jungen (demokratischen) Nationalstaaten der Gegenwart sind Territorialstaaten. Mit dem Siegeszug des nationalen Projekts der Moderne während der letzten zweihundert Jahre zerfällt die Menschheit in politische Räume und Einheiten, die als gegeneinander abgegrenzte Territorialgesellschaften mit einer nationalen, sprich: territorialen Identität gedacht werden. Entsprechend erkennen Nationalstaaten keine Autorität über sich an.

Dies gilt jedoch nicht im Binnenverhältnis, wie das sich überlappende, wiederum territoriale Ordnungsschema des Föderalismus zeigt: Die kleinste politische Territorialgemeinschaft ist die Gemeinde, diese ist Teil der Region, die ihrerseits

Teil des Bundesstaates ist. Diese durch die Geographie vorgegebene Verantwortungspyramide ordnet das politische Leben. Föderale Demokratie heißt, es gibt eine gestaffelte Rau-
mordnung der kommunalen, der regionalen und der nationalen
Solidarität, und auf jeder dieser Ebenen setzen Bürger (sprich:
Territorialbürger) Prioritäten, schlichten Konflikte und treffen
kollektiv verbindliche Entscheidungen.

  Dies ist meine zentrale These: *An allen Begriffen und Institutionen des Politischen klebt immer noch die Scholle*. Das
herrschende nationale Verständnis von Demokratie, Staat, politischer Gemeinschaft, Souveränität, Gewaltmonopol, Steuerho-
heit, Föderalismus, Gemeinde, Öffentlichkeit, Parlament, Bürgerrechte und Bürger hat eine territoriale Prämisse. Der Mainstream der politischen Theorie der Gegenwart beruht auf einer
obzessiven Gleichsetzung von Ort und politischem Selbst.

  Daraus ergibt sich meine zweite These: Die*ses territoriale
Apriori des Politischen zerfällt in dem Maße, wie sich die postnationale Gesellschaft herausbildet* – und was dann? Wenn
sich das Zusammenleben der Menschen aus der räumlichen
Bindung löst, wenn eine übermächtige Woge transnationaler
Mobilität von Menschen, Wirtschaft und als global wahr-
genommene Risiken das territoriale Apriori aufhebt, dann
ändert sich alles. Und es stellen sich die Fragen: Wird die Demokratie, die Politik diese Revolution überleben? Unter welchen Voraussetzungen und in welchen Formen wird diese
Transformation des Politischen möglich? Was geschieht, wenn
sie mißlingt?

  Der große Denker-Abschied von der Politik, die Wahlver-
wandtschaft von Postmoderne, Systemtheorie und Neoliberalismus hat diese Frage nach der „Erfindung des Politischen" für
eine postnationale Ära voreilig aus dem Katalog der ernstzu-
nehmenden Fragen ein für allemal gestrichen. Danach beatmet,
wer nach der Renaissance des Politischen fragt, Leichen, setzt
sich dem Gespött der Secondhand-Denker aus.

  Auf den Bühnen der Politik und der Politikwissenschaft
(mit bemerkenswerten Ausnahmen) dasselbe Bild: Der protek-

tionistische Reflex beherrscht in allen politischen Farben die Szene. Die einen wollen die Nation, die anderen die Demokratie, die dritten den Sozialstaat, die vierten die Natur retten. Alles Erstrebenswerte – Nation, Demokratie, das soziale Gewissen und der Umweltschutz – hängt, folgt man der herrschenden Einbildung, am territorialen Verständnis des Staates und ist mit dessen Gefährdung gefährdet.

II.

Was also meint die Rede von der „postnationalen Gesellschaft"? Vieles – zunächst aber eine Globalisierung der Biographien, in deren Verlauf der Kurz- und Kettenschluß von der Hautfarbe auf die Herkunft, auf die Sprache, auf den Paß, auf die nationale Identität und Loyalität zum alltagspeinlichen Fehlschluß wird. Ein Epochenbild der Gesellschaft veraltet. Wird in der ersten, nationalen Epoche der Moderne Gesellschaft als staatlich organisierter Behälter gedacht, so wird in der postnationalen zweiten Moderne diese Gleichsetzung von Territorium, Gesellschaft und politischer Identität entkoppelt. Friedrich Nietzsche spricht hellsichtig in diesem Sinne vom „Zeitalter der Vergleichung" und meint damit, daß der einzelne nicht nur zwischen verschiedenen Traditions- und Gedächtnisangeboten wählen und wechseln kann. Vielmehr können und müssen die verschiedenen Kulturen der Welt (im Grenzfall) an jedem Ort zu jedem Zeitpunkt nebeneinander durchlebt und insofern verglichen, aufeinander bezogen, füreinander verständlich gemacht, also fortwährend übersetzt werden.

Wer wissen will, wie weit ein Land, beispielsweise Deutschland, schon postnational geworden ist, der kann aus alledem erste Spuren und Indikator-Fragen herauslesen: Wenn deutsche Polizisten türkische Namen tragen. Wenn Schwarze bayerisch sprechen. Wenn von der nationalen Zugehörigkeit des Unternehmens nicht mehr auf die nationale Zugehörigkeit

der Mitarbeiter geschlossen werden kann. Wenn Nationalök-
onomien und Nationalstatistiken Zombies werden. Wenn bina-
tionale Ehen zunehmen. Heute entstehen selbst in evangeli-
schen und katholischen Kleinstädten neben den „deutschen"
Kirchen auch „deutsche" Moscheen usw. Muslimische Bundes-
wehrsoldaten (inzwischen ca. 5000) fordern ihren Iman. Zu-
ende gedacht: Wenn auch in Deutschland Universitätseliten,
Polizeiverbände, Betriebsräte, Richter, Parlamentarier und Regierungen sich die sogenannten „nationalen" Fußballweltmei-
ster-Mannschaften (Frankreich!) zum Vorbild nehmen und an
die Stelle der ethnischen Öde ethnische Vielfarbigkeit tritt.

Postnationale Gesellschaft also heißt: Globalisierung von
innen. Die Menschen handeln international, arbeiten international, heiraten international, leben, reisen, konsumieren und
kommunizieren international, die Kinder werden international,
das heißt mehrsprachig und im generalisierten Nirgendwo des
Fernsehens und Internets erzogen; und auch politische Identitäten und Loyalitäten gehorchen nicht mehr dem Gebot der
nationalen Loyalitäts-Monogamie.

Transnationalität der eigenen Lebenszusammenhänge ist
nicht nur ein Privileg der global players. Gerade auch Rand-
gruppen, Ausgeschlossene und Illegale – the marginal man –
spannen gegen die Überwachungsinstitutionen und strukturelle
Diskriminierungen mit bewundernswerter Kreativität den transnationalen Bogen. Für alle gilt die neue Soziallogik der Nah-
entfernung: Nicht der Ort stiftet Gemeinschaft. Im Ort herrscht
Isolation, drohen oft Diskriminierung, Haß, Gewalt. Nur in der
alltäglichen Aufhebung der Entfernung, die die elektronisch
vernetzte Welt ermöglicht, gewinnt das Hier-wie-dort-Leben –
vielleicht – sozialen Halt und Sinn.

Viele fürchten: In der postnationalen Gesellschaft gehört
der Staat, die Stadt immer weniger ihren Bürgern. Am Ende
entsteht eine Gesellschaft ohne Bürger und damit eine Nicht-
Gesellschaft. Ohne dem Multi-kulti-Trugschluß der besorgten
Weltsozialarbeiterharmonie aufzusitzen, kann man sagen: Dem
liegt der axiomatische Denkfehler des territorialisierten Poli-

tikverständnisses zugrunde. Wenn Völker und Territorien ihre
nationalstaatlich organisierte Liaison lockern, dann stirbt nicht
die Politik, sondern deren territoriales Früh- und Mißverständnis. Es beginnt die Sinnflickschusterei ohne Traditions-Blaupause, die Nachkopisten-Existenz des Suchens, Versuchens,
Erfindens, Überbrückens, Verschmelzens, aber auch die Empörung, das Erschrecken darüber, die gewalttätige Angst dagegen. Kurz, es beginnt die postnationale Gesellschaft und *ihre
Feinde*.

III.

In der postnationalen Gesellschaft überschneiden und verstärken sich Globalisierung und *Individualisierung*. Zu Ende
gedacht muß jede und jeder im Schleudersitz der eigenen Biographie im Rückgriff auf sich selbst die Frage beantworten:
Wer bin ich? Im Großen folgt daraus: Das Politische bricht aus
dem funktionalistischen Denkghetto der Systemrationalität aus.
In der postnationalen, individualisierten und daher politisierten
Gesellschaft der Fragezeichen gibt es nicht mehr *die* Politik
(verstanden als Staats- und Regierungspolitik), sondern verschiedene Orte, Begriffe und Machtspiele des Politischen: Inwieweit und in welchem Sinne bedeutet Individualisierung
„Politisierung"?

 In den USA und Europa haben sich in Reaktion auf sexuelle Zügellosigkeit Kreise junger Frauen gebildet, die sich von
Männern nur nach vorgegebenen Regeln verführen lassen:
Küsse nur, wenn du vorher gefragt wurdest, ob du küssen
willst! Berührungen müssen einer erogen-körperzonengestaffelten Rangskala folgen und werden durch die Einhaltung strikter Zeitabstände angeheizt. Busenliebkosungen frühestens nach
dem dritten Abendessen. Von mehr zu träumen, wird durch anhaltenden Widerstand dagegen angestachelt usw. Man könnte
meinen, hier wird das Frauen-Nein-Ja re-etabliert, die „Natür-

lichkeit" der Geschlechterverhältnisse wieder freigelegt. Doch das ist ein Irrtum. Die Konventionen, die errichtet werden sollen, setzen den Zusammenbruch der Konventionen voraus, sind bewußte, politische Konstruktionen der Re-Tabuisierung. Anders gesagt: Wo die Grundlagen des Zusammenlebens entscheidungskontingent werden, sind Grenzen und Tabus nur noch politisch als Selbstbegrenzung möglich. Individualisierungspolitisierung heißt: Selbst unsere vermeintlich innersten Impulse und sichersten Zuschreibungen – von der sexuellen Orientierung bis zur ethnischen Zugehörigkeit – werden als etwas Gewähltes erfahren.

Was eigentlich führt und hält die Menschen nach erfolgter Individualisierung und Globalisierung zusammen? Was also macht die Qualität sozialer Bindungen und Konflikte aus, für welche das territoriale und kollektive Apriori des sozialen Handelns immer weniger gilt?

Was bedeutet es eigentlich, wenn Paarbeziehungen, also Arbeitsteilung, Sexualität, Männlichkeit und Weiblichkeit nicht mehr auf eine vorgegebene Natur gegründet werden können, sondern unter der Dauerforderung von Gerechtigkeit, Perspektiven- und Rollenwechsel – aber ungleich! – praktiziert werden müssen? Beginnt hier der noch aufrechtere Gang oder der Terror der Intimität? Was bedeutet es eigentlich, wenn Kinder nicht mehr als gott- oder naturgegebenes Fatum, sondern als elterliche Dauergestaltungsaufgabe mit antizipiertem Vorwurfsrecht der hergestellten Kinder auf eingebaute Produktmängel – und als grundrechtlich geschützte Kleinerwachsene, Zukunftserwachsene wahrgenommen und behandelt werden müssen? Ist dies eine Quelle der Gewaltverliebtheit Jugendlicher oder der einverleibten Freiheit? Wenn die emotionale Anspruchsdemokratie in den Sog prekärer Arbeit und radikaler Ungleichheit gerät, bedeutet das dann Aufstand oder Rückzug? Massendemonstration oder Massenentlassung des Ehepartners, also Massenscheidung? Und: Kann es überhaupt ohne gewollte und bewußte Transzendenz eine Bindung zwischen Ich und Ich geben? Wo liegen eigentlich die Grenzen der Individualisierung?

Grenzen der Individualisierung werden nicht zuletzt durch diese selbst gesetzt und multipliziert: Je mehr Menschen sich individualisieren, desto mehr Menschen erleiden die Individualisierung anderer. Ganz mechanisch im Ego-alter-Modell gedacht, die Individualisierung des ego schafft Tatsachen, welche die Individualisierung des alter begrenzen oder aufheben (Scheidung, getrennte Elternschaft, doppelte Karriere). Soziologisch gesprochen wächst also mit dem Fortschreiten der Individualisierung die Selbstbegrenzung derselben.

Was sind die Konsequenzen der Individualisierung für die Politik im engeren Sinne, für die Parteiendemokratie? Sind individuelle Selbstbestimmung und kollektive Selbstregierung überhaupt vereinbar? Inwieweit und in welchem Sinne trägt also die Individualisierungspolitisierung zur Politisierung oder Depolitisierung der Politik bei?

Der politikwissenschaftliche Mainstream geht von einer Deckungsgleichheit von Sozialstruktur und politischem System aus, die sich – wie Michael Greven zeigt – in drei Prämissen fassen läßt: Kollektivität der Interessen, welche deren Organisations- und Repräsentationsfähigkeit gewährleisten sollen; klare Loyalitätsbindungen zwischen politischen Parteien und sozialen Milieus; die Priorität nationaler Identität, die darin begründet liegt, daß die Individuen in nationalstaatlichen Institutionen ihr Wohl und Wehe begründet sehen. Genau diese Prämissen – Kollektivität, Loyalität, nationale Identität – zerfallen mit fortschreitender Individualisierung. Das Gegenteil zeichnet sich ab: eine Gesellschaft mit schwindenden Parteibindungen und postnationaler Mehrfachidentität. Das generalisierte Vertrauen, das die Parteien in die Lage versetzte, Massen gewissermaßen blind und unabhängig von den situativen Präferenzen einzelner jederzeit für bestimmte Anliegen zu mobilisieren, schlägt in generalisiertes Mißtrauen um. Die Nicht-Partei der Nicht-Wähler wird mehrheitsfähig. Das Zentraldilemma der staatlich ausgeschilderten Politik läßt sich als Scherenentwicklung fassen: Die Handlungsspielräume nationalstaatlicher Politik schrumpfen gegen Null in genau dem Augenblick, wo der Handlungsbedarf exponential steigt.

IV.

Doch wer sagt, daß die Welt unpolitisch ist, irrt. Das Gegenteil ist richtig: Sie ist zu einem anarchischen Fest von Revolutionen geworden, die *jenseits* der Bühnenpolitik toben. Zu der Bastelrevolution im Untergeschoß des Häuslichen gesellt sich die außerpolitische Globalisierungsrevolution der Wirtschaft. Dieses verteufelte Globalisierungsgespenst möchte ich mit dem Lasso einer (ironisch gemeinten!) Metapher einzufangen versuchen: Etwa ein Jahrhundert lang haben Staat, Wirtschaft und Gewerkschaft im Sandkasten der territorialen Nationalgesellschaft Backe-backe-Kuchen gespielt und dabei allmählich gelernt, zivilisierter miteinander umzugehen. Das heißt, man hat sich am Ende die Sandkuchen wechselseitig nur noch nach den Regeln der Tarifautonomie und des Steuerrechts von der Schippe genommen. Plötzlich hat die Wirtschaft einen Riesenbagger geschenkt bekommen und räumt den ganzen Sandkasten ab. Staat und Gewerkschaft sind sitzengeblieben, machen Bäähhhh und rufen nach der Mami.

Dieses Bild kann einmal in Richtung Sollte ausgelegt werden und heißt dann: Politik und Gewerkschaften sollten von der Wirtschaft lernen, wie das neue Machtspiel Globalisierung tickt, damit sie auch aus der Sandkasten-Axiomatik territorialen Denkens und Handelns ausbrechen und der Wirtschaft Paroli bieten, möglicherweise sogar Zügel anlegen können. Es läßt sich aber auch zur Klärung der neuen Lage ausdeuten, und das heißt: mit dem Ziel, eine Unterscheidung von territorialer und entterritorialer Machtbildung einzuführen.

Durch die Revolution der Telekommunikation lösen sich die Verkehrswege vom Territorium. Nicht die nationalstaatlichen Grenzen werden (notwendig) durchlässiger, sondern der Raumbegriff wird revolutioniert. Nicht die Herrschaft über ein Territorium ist fortan wichtig, sondern der Zugang zum Netz. Handeln im elektronischen Netz ist sicher nicht als solches machtbildend, sehr wohl aber zum einen im Gegenüber zur territorialisierten Macht von Staat und Arbeit, zum anderen in Kombination mit den Machtressourcen des Kapitals. Handeln im Netz tötet Entfernungen, ermöglicht eine neue Art der wegelosen, schwerelosen Mobilität – das Hier-wie-dort-sein-Können. Dadurch wandelt sich das Sandkastenspiel von Wirtschaftsmacht und Staatsmacht in ein Katze-und-Maus-Spiel. Das Katze-Sein der Wirtschaft liegt auch darin begründet, daß diese mit ihren Investitionen (geschützt durch die institutionalisierte Freiheit derselben) die Lebensadern der nationalen Politik und Gesellschaft – Arbeitsplätze und Steuern – schaffen oder abschaffen kann. Wobei dieses Kappen der Lebensadern, diese Super-Politik ganz und gar „unpolitisch", nämlich im neutralen Kalkül ökonomischen Handelns erfolgt. Das Maus-Sein der Staatsmacht liegt in dem begründet, was einst die Stärke des Staates ausmachte: der Territorialbindung. Dem Ausspielen der Staats-Mäuse gegeneinander in den Überlebensfragen Steuer und Arbeitsplatz haben diese wenig entgegenzusetzen, solange sie „national", das heißt „souverän" als vereinzelte Territorialmaus handeln. Daher ist umgekehrt das politische Europa *die* experimentelle Antwort auf Globalisierung.

Doch die Metapher des Katze-Maus-Spiels ist in einem zentralen Punkt falsch: *Diese* Katze will die Maus gar nicht fressen! Gerade ihre vornehme Nichtgefräßigkeit vervielfacht aber die Katzen-Macht. Weg mit der Metapher! Die Macht der Staaten wird nicht durch Eroberung, sondern deterritorial durch die Schwerelosigkeit und Unsichtbarkeit des *Entzugs* unterlaufen, übertrumpft, gebrochen. Das stellt alle Begriffe auf den Kopf.

Nicht Imperialismus, sondern Nicht-Imperialismus, nicht Einmarsch, sondern Ausmarsch der Investoren bildet den Kristallisationskern globaler Wirtschaftsmacht. Nicht die Eroberung, die Nicht-Eroberung droht dem Nationalstaat, der Nationalgesellschaft. Nichts sehnen die Anbieter-Staaten mehr herbei als den Einmarsch der Investoren, nichts fürchten sie mehr als deren Ausmarsch.

Die entterritorialisierte Macht der Wirtschaft beruht also genau auf dem Gegenteil dessen, woraus der Territorialstaat seine Macht schöpft: kein Militär, keine Gewaltmittel; ja sogar keine Legitimation. Weder Regierung noch Parlament müssen dem Entzug oder Einzug der Investoren zustimmen. Heißt das, die globale Wirtschaft handelt illegitim? Keineswegs, *vorsätzliche Nicht-Eroberung* – dieses gewaltlose, unsichtbare, absichtliche Nichts des Entzugs – ist weder zustimmungspflichtig noch zustimmungsfähig.

Vorsätzliche Nicht-Eroberung – in dieser Formel liegt auch die Antwort auf die Frage verborgen: Woher die Anders-Politik der entterritorialisierten Wirtschaft ihre Durchsetzungsmacht nimmt, wo doch demokratische Reformpolitik im Hindernislauf der Veto-Positionen so leicht und sichtbar scheitert? Globalisierte Investitionsentscheidungen kennen keine Implementation, also keine Implementationshindernisse, da sie die Kollektivbindekraft ihrer Entscheidungen auf die denkbar wirkungsvollste Art erzielen: durch eine Politik der vollendeten Tatsachen.

Man kann sich diese Handlungsfigur an einem Parallel-Akteur, nämlich der globalisierten Wissenschaft verdeutlichen, beispielsweise anhand der anthropologiestürzenden Ethikfragen, welche die Humangenetik heraufbeschwören. Von Eugenik ist die Rede. Oder neulich machte die Philosophenmeinung die Runde, man könnte bei dieser Gelegenheit den „Menschenpark" derart genetisch runderneuern, daß nicht die Geschlechtsteile einen neuen Ort und ein neues Outfit bekämen (was ja auch eine Überlegung wert wäre), sondern der „Menschenpark" aus der Kriechspur des Gemeinen emporgehoben wird ins Denkquadrat der Philosophen. Die genetische Verallgemeinerung dieses oder jenes Philosophen mag man als Horror ansehen oder als Glück verkünden (und man mag sich auch fragen, ob die Menschheit wirklich dadurch zu retten oder zu beglücken ist, daß jede Berufsgruppe sich selbst zum genetischen Designerziel für alle anderen (v)erklärt). Aber darum geht es gar nicht. Entscheidend ist vielmehr, daß wir uns über diese und andere Fragen die Köpfe heiß reden können, während die anthropologische Weltveränderung der Humangenetik sich ungefragt und fraglos als freilaufende Politik der Schaffung unvollendeter Tatsachen vollzieht. Nach der Logik der Globalisierung: Wenn nicht hier, dann dort. Also hier. In der öffentlichen Erörterung von Zielen und Folgen technischer Neuerungen hat sich ein Totschlag-Argument bewährt: Warum etwas problematisieren, das ohnehin kommen wird. Die Ethik ist eine Art Fahrradklingel am Intercontinental-Flugzeug des humangenetischen (oder eines anderen) Fortflugs. Es klingelt und klingelt, und das Ding fliegt und fliegt.

Dasselbe gilt für Investitionsentscheidungen des Kapitals: Es wird öffentlich gemeckert, gebetet, geheult, die Fäuste geschwungen und mit den Zähnen gebleckt oder geklappert – die im elektronischen Weltraum schwerelos gewordenen Investitionsentscheidungen vollziehen sich nach den Gesetzen der Macht, die derjenige besitzt, der durch Handeln Fakten schafft. Und diese Macht bleibt anonym und verantwortungslos.

Die Staaten unterliegen infolgedessen immer stärker einer externen Kontrolle durch Finanzeliten, deren Standort in der Welt der elektronischen Netze gar nicht mehr auszumachen ist. Ihr Interesse an einem Land kann rasch aufblühen und ebenso rasch verwelken. Jede Steuer, jeder regulierende Eingriff der Politik wird so zu einem Argument für den Rückzug von Investoren. Doch auch Investoren benötigen Infrastrukturen – Verkehrssysteme, Schulen und Universitäten, demokratische Lebensqualität, Sicherheit auf den Straßen, brave, zur Selbstausbeutung bereite Mitarbeiter – alles Dinge, die erhebliches Geld kosten und letztlich doch vom Staat, will er überhaupt konkurrenzfähig sein oder werden, bereitgestellt werden müssen. Dies wiederum gelingt aber nur durch Steuererhöhung, die – das steht in Rotschrift über allem – wiederum Investoren vertreiben. Diese Art der doppelten Bestrafung hat man bislang nur bei Ratten im Experiment erforscht. Was für sie Politik heißt, kann am laufenden Realexperiment abgelesen werden.

V.

Wer – ironisch – die Karl-Jaspers-Frage nach den Stichworten
zur geistigen Situation der Zeit beispielsweise drei Tage nach
dem kommenden Jahreswechsel aufgreift, kann beginnen: Wie
ich schon im letzten Jahrhundert sagte... Wie ich schon im
letzten Jahrtausend, also jetzt, sagte: Es ist vielleicht ein Stichwort – *Grundlagenkontingenz* –, in dem sich die geistige Situation verdichtet, ihre Explosivität verdeckt zündelt. Grundlagenkontingenz besagt: Uns Menschen ist etwas Wesentliches
verlorengegangen – die Nicht-Entscheidung. Nicht nur Natur
und Menschennatur, die metaphysische Unterscheidung zwischen den Geborenen und dem Gemachten, zwischen Mensch
und Maschine, Krieg und Frieden, auch die territoriale Axio-
matik von Politik und Demokratie ist unwiderruflich in die Entscheidung geraten. Grundlagenkontingenz, anders gewendet,
heißt Entscheidungszwang. Genauer: Von nun an ist auch die
Nicht-Entscheidung nur noch als Entscheidung möglich. Woraus folgt: Die Politisierung anthropologischer Gewißheiten
kann nur noch politisch aufgrund *entschiedener Tabus*, durch
institutionalisierte Unentscheidbarkeit begrenzt werden. (Der
Realist, sprich: Zyniker fügt an – also nicht begrenzt werden.)
Danach, nach Grenzen, lechzt der Zeitgeist.
   Diese in Entscheidungsfluß geratenen Grundverhältnisse
des Menschen aber wirbeln die Frage nach *neuen Totalitarismen des Warum-eigentlich-Nicht* auf. Wer sich den organisier-
ten Wahnsinn, den entsetzlichen Blutzoll, den Horror der staatlichen Zerstörung der menschlichen Würde im 20. Jahrhundert
vergegenwärtigt, den muß diese Frage zutiefst beunruhigen.
   Immer wenn diese Republik in den letzten Jahren über ihre
geistigen Grundlagen stritt, dann war es eine Warum-eigentlich-nicht-Frage, die zu diesem Streit anstachelte: Warum eigentlich nicht den Holocaust mit dem stalinistischen Terror
gleichsetzen und jenen mit diesem relativieren? Warum eigentlich nicht den verklemmten deutschen Selbsthaß endlich ab-

streifen und sich neu für das „Verhängnis", das der Geschichte innewohnt, öffnen? Warum eigentlich nicht das Gedenken an den Holocaust aus dem öffentlichen in den privaten Raum verlagern und zur Gewissensentscheidung des einzelnen erklären? Warum eigentlich nicht die Misere des posthumanen Menschen dadurch abwenden, daß die humangenetische Reparatur-Phantasie mobilisiert wird?

Diese Fragenpalette läßt sich wenig hellsichtig leicht weiter ausmalen: Warum eigentlich nicht Kapitalismus ohne Demokratie wagen? Warum eigentlich nicht die sowieso veralteten Institutionen nationalstaatlicher Demokratie so abschleifen, sprich: reformieren, daß die großen Zukunftsprobleme – Arbeitslosigkeit, Renten, Steuern – endlich technisch effizient mit dem konzentrierten Sachverstand der Besten zum Nutzen aller gelöst werden? Warum eigentlich nicht, wenn Kinderschänder, gewalttätige Jugendliche und der Zerfall der Renten weiter um sich greifen, den Ordnungsstaaten folgen und die Täter mit öffentlichen Stockschlägen bestrafen? (Die SPD würde sich rühmen, daß sie eine Begrenzung auf 15 Stockschläge und die freie Arztwahl durchgesetzt hat.)

Es wäre ein schwerer Fehler zu verkennen, daß der moderne Staat zwar im Hinblick auf seine materiellen Handlungsspielräume und demokratischen Qualitäten geschwächt ist, zugleich aber im Hinblick auf autoritäre Handlungsmöglichkeiten neu ermächtigt wird. Die Möglichkeiten, auf demokratischem Weg Konsens zu erzielen, schwinden. Jedoch das staatliche Potential, Entscheidungen zu erzwingen – der kombinierte Einsatz von Gewalt, Recht und informationstechnologischer Kontrolle im Inneren – wird modernisiert und gesteigert. Auf diese Weise ist es greifbar geworden, den demokratischen Machtverlust – bei Wahrung demokratischer Fassaden! – autoritär zu konterkarieren. Der Epochenzwitter „demokratischer Totalitarismus" droht.

Der Hunger nach Grenzen und Strukturen wird unstillbar in dem Maße, wie diese sich auflösen. Grundlagenkontingenz und Tabula-rasa-Modernisierung maximieren das Potential für Mas-

senmobilisierung. Der schon heute deutlich erkennbare massenmediale Cäsarismus erlaubt es, das plurale Gefüge der Veto-
Mächte – Parteien, Gewerkschaften, Parlamente – zu unterlaufen. Die postmoderne Entbindung von Rationalität und Moral begünstigt eine posthumane, postdemokratische Enthemmung. Die allseits geforderte Effizienz der staatlichen Gewalt-
und Kontrollmittel schnürt schon heute Grundrechte ein. Es ist
dieser aufgebrochene Möglichkeitsraum staatlicher Machtentfaltung *nach innen*, in dem die Warum-eigentlich-nicht-Frage
ihren „totalitären Charme" entfaltet.

Eher gelingt es, einen Pudding an die Wand zu nageln, als
eine Warum-eigentlich-nicht-Frage auf eine Aussage festzuulegen. Doch diese als faschistisch zu brandmarken, ist nicht
nur historisch falsch, sondern vor allem auch deswegen, weil
dadurch der genaue Blick auf die verführerische Kraft des Totalitären verstellt wird.

Tabubruch von rechts: Die Warum-eigentlich-nicht-Frage ist
eine typische Konvertiten-Konstruktion. Die im Geist der Aufklärung Geschulten wappnen sich mit der Verführungskraft
spielerischer Grenzüberschreitung, um politisch wirksame Aufklärungspostulate abzuräumen. Die Raffinesse der Frageform
erlaubt es, den Spieß umzudrehen. Die Aufklärer von gestern
sollen in die Falle der Gegenaufklärung tappen: Der Tabubrecher als Tabuisierer – diese Selbstinszenierung, Selbstentlarvung wird vorgezeichnet mit der höflichen Geste: nun antworte
doch mal!, zugewiesen.

Modernisierungskonformismus: Entsteht der Reiz aus dem
gewendeten Tabubruch, so entsteht die Wirkmächtigkeit der
Warum-eigentlich-nicht-Frage aus ihrer Modernisierungskonformität. Die Frage stellt sich in den Dienst des Stärkeren, dessen, was vermeintlich sowieso geschieht. Globalisierung verwandelt Politik und Demokratie in Zombies – warum dem noch
mit der Frage nach kosmopolitischer Demokratie nachjammern? Das technisch Mögliche schafft die Moral. Nicht umgekehrt. Dieser Realismus erleichtert das Gewissen. Im Sog der

Goldgräberstimmung, welche beispielsweise die Humangenetik schon heute erzeugt, kehrt sich die Beweislast wie selbstverständlich um: Nicht die Enthemmung, die moralische Resthemmung wird begründungspflichtig gemacht. „Seht nur, sie haben nicht einmal eine Handbremse" frohlockt der Warumeigentlich-nicht-Frager und triumphiert über die Schwierigkeit, nein zu sagen.

Die Macht der fehlenden Maßstäbe: Die Frage, warum eigentlich nicht, wendet die Not eines Zeitalters, dem verbindliche Maßstäbe abhanden gekommen sind, machtstrategisch. Nicht Religion, nicht Natur, nicht Vernunft, nicht Moral, nicht wissenschaftliche Rationalität – dann bleibt nur noch die Aufforderung: Warum eigentlich nicht! Dies kann allerdings auch die Frage desjenigen sein, der lange nach einem objektiven Halt suchte und mit leeren Händen zurückgekehrt ist. Die Ratlosigkeit des einen ist die Durchsetzungsmacht des anderen.

Neue Einfachheit: Die Verhältnisse sind kompliziert geworden. Das weiß heute schon jede Siebenjährige, die ihren Tagesablauf zwischen den geschiedenen Eltern einrichten muß. Entsprechend wächst die Sehnsucht nach neuer Einfachheit. Diese stillt die Warum-eigentlich-nicht-Frage durch einen eingebauten Argumentationstrick: Man folgt der postmodernen Rationalitäts- und Humanitätskritik und spricht sich damit selbst von lästigen Begründungszwängen frei. Nachdem man das hohe Gericht der Vernunft noch einmal abgeschafft hat, läßt sich ganz ungeniert abenteuerlicher Naturalismus oder krudester Nationalismus wiederbeleben. Bemerkenswert ist diese Praxis auch insofern, als der Griff in die Kostümkiste der Postmoderne dem Griff nach dem Ursprung gleicht. Hier wie dort werden letztlich äußerst schlichte Uralt-Denkrezepte neu aufgetischt und die Kritik daran abgeschmettert, einmal mit dem Hinweis auf das Wesen der Sache, das andere Mal mit dem Hinweis auf das Ende von Rationalismus, Humanismus und so weiter.

Territoriale Unvernunft: Ob die weltweite Verteidigung der Menschenrechte als „terroristische Akte in Friedenszeiten" verteufelt wird, ob die „Dämonisierung des Nationalen, das angeblich im ius sanguinis nistet", beklagt und so eine neue nationale Unbekümmertheit herbeibekümmert wird – immer triumphiert die terrritoriale Unvernunft. Gegen die postnationale Offenheit werden Bilder der geschlossenen Gesellschaft ausgespielt – und nicht etwa die Verbindung von Nationalität und Weltbürgertum aufgesucht, erinnert und zukunftsweisend ausgedeutet, wie sie Goethe, Nietzsche, Heinrich Heine, Thomas Mann, Bertold Brecht und viele andere mehr vorgedacht und vorgelebt haben. Nationalismus aber ist nichts anderes als die postmoderne Rückkehr zu den Ursprüngen und insofern in der globalen Ära beides: illusionär und politisch brandgefährlich.

So werden in der Warum-eigentlich-nicht-Frage – wie bei Jugendbanden in der South Bronx – die Beißreflexe des zerfallenden territorialen Selbst intellektuell ausagiert und dadurch politisch enttabuisiert.

In diesen „Bocksgesängen" ist das Schweigen über Freiheit vielsagend und bedrohlich. Niemals kann ein Zuviel an politischer Freiheit totalitäre Herrschaft begründen. Immer aber beginnt dort, wo über die Freiheit der Individuen öffentlich geklagt und diese unwidersprochen abgewertet wird, ihr Ende.

Lob auf die Zivilgesellschaft

*Von Außen ist die Demokratie durch
die Globalisierung, von innen durch die geistige Leere
des Individualismus bedroht*

Alain Touraine

Jeder Versuch, das demokratische Prinzip der freien Wahlen
vom Zweck der Demokratie, die Übertragung der Macht von
einer Minderheit auf das „Volk", zu trennen, ist gefährlich.
Denn die Behauptung, es gebe einen Gegensatz zwischen wirk-
licher und bürgerlicher Demokratie, hat stets zur Rechtfertigung politischer Willkür gedient. Auch eine rein formale Demokratie kann es nicht geben. In vielen Ländern existiert zwar
ein mehr oder weniger oligopolistischer politischer „Markt", also ein Markt, der von Parteien kontrolliert wird. Solche Verhältnisse wird man jedoch schwerlich als Demokratie bezeichnen können.

Vielleicht gewinnen wir daraus aber eine Erklärung für die
aktuelle Schwäche der demokratischen Idee. Denn heute wirken die Parteien auf uns, als seien sie nur noch Instrumente, um
an die Macht zu gelangen – an eine Macht freilich, die de facto
äußeren und inneren wirtschaftlichen Zwängen und Interessen
unterliegt oder im schlimmsten Fall ethnischen, nationalen oder
religiösen Kräften ohnmächtig gegenübersteht.

Werfen wir einen Blick zurück. Im politischen Denken der
letzten Jahrhunderte galt als böse, was dem Allgemeinwohl, der
gesellschaftlichen Integration entgegensteht. Als gut galt, was
sie befördert. In diesem Sinn steht der Bürger im Dienst der
Gesellschaft, folglich auch im Dienst von Nation und Staat.
Und umgekehrt steht der Staat im Dienst des Rechtsfriedens,
der Toleranz und des Privilegienabbaus. Diese „alte" Vorstellung von Demokratie, um mit Benjamin Constant zu sprechen,
vereint deren institutionelle Elemente am stärksten mit den gesellschaftlichen Zwecken der Demokratie. Die Institutionen ha-

ben dafür zu sorgen, daß die Gesellschaft und die öffentliche
Ordnung gut funktionieren.

Dieser republikanischen Vorstellung, um das Wort hier im
traditionellen Sinn zu gebrauchen, steht eine liberale Auffassung gegenüber. Sie hat ihre Wurzeln bei Jean-Jacques Rous-
seau und geht davon aus, daß der Einzelne sich emanzipiert,
indem er seine Bürgerpflicht erfüllt. Der contrat social, der Ge-
sellschaftsvertrag, bewahrt uns vor der Herrschaft Einzelner
und befreit den Bürger von allen Formen von Unterdrückung.

In dem Maß, wie sich der Handels- und Industriekapitalis-
mus entwickelte, geriet die republikanische Vorstellung von
Demokratie ins Kreuzfeuer der Kritik. Denn plötzlich erschienen ihre politischen Institutionen gegenüber den starken Interessen einer Oligarchie als schwach oder gar gefügig. In man-
chen Ländern, wo die republikanische Demokratie nur auf
schwachen Füßen stand, nahm der Daueraappell an das arbei-
tende Volk oder die Arbeiterklasse revolutionäre und undemo-
kratische Formen an. In anderen Ländern hingegen, beispielsweise in Großbritannien, Deutschland und später in den Vereinigten Staaten und in Frankreich, gelang ein eindrucksvoller
Demokratisierungsschub, nämlich die Ausweitung demokratischen Handelns vom engen Feld der Politik auf die Sphären
von Arbeit und Produktion. Dies hat auch die Definition und
das Verständnis von Demokratie enorm vorangetrieben. Das
Volk besteht fortan ebenso aus Arbeitern wie aus Staatsbür-
gern, und der Nationalstaat ist nicht mehr nur die Hauptorgani-
sationsform der politischen Institutionen, sondern auch der
wirtschaftlichen Ordnung und der Kultur.

Leider hat diese große demokratische Errungenschaft heute
erheblich an Kraft und Einfluß eingebüßt. Die Entwicklungen
in der zweiten Hälfte unseres Jahrhunderts haben uns eine dramatische Lektion erteilt. Wir wurden darüber belehrt, daß sich
in einer globalisierten Wirtschaft die ökonomischen Entscheidungszentren aus dem nationalen Rahmen lösen und der politischen Steuerung entziehen. Im selben Augenblick droht die
Demokratie zu einem politischen Markt zu verkümmern, auf

dem Parteien wie Unternehmen agieren und wie am Fließband Gewählte produzieren. Der Primat der Politik gegenüber der Wirtschaft schwindet.

In dieser Situation stellt sich die Frage, ob man die soziale Demokratie erweitern und durch eine kulturelle Demokratie ergänzen kann – für eine Demokratie, die nicht nur auf dem freien Zugang zu Erziehung und Bildung, sondern auch auf der Begegnung mit anderen Kulturen gründet. Aber weil eine kulturelle Demokratie konstitutiv darauf angewiesen ist, kulturelle Differenzen anzuerkennen, kann man zu Recht fragen, ob zwei so widersprüchliche Ideen überhaupt miteinander versöhnt werden können – also gesellschaftliche Integration auf der einen, kulturelle Verschiedenartigkeit auf der anderen Seite.

Nicht wenige vertreten demgegenüber eine „asiatische" Auffassung von Demokratie, also die Auffassung, das Individuum habe sich der Gemeinschaft gefälligst unterzuordnen. Damit aber verliert die Idee der Demokratie jeden Inhalt und löst sich auf in kulturellen Nationalismus. Die kulturelle Demokratie verkehrt sich in ihr Gegenteil, in das Streben nach kultureller Reinheit und territorialer oder nationaler Homogenität.

Deshalb schlage ich vor, daß wir uns einem Konzept zuwenden, das als liberale Demokratie zu bezeichnen wäre. Sie definiert sich dadurch, daß sie ein höheres Prinzip anerkennt – ein Prinzip, das über jeder gesellschaftlichen Macht steht, nicht politisch ist und sich nicht mehr auf die Staatszugehörigkeit bezieht. Nennen wir das Prinzip bei seinem klassischen Namen: Es sind die Menschenrechte, universale Rechte, unabhängig von der gesellschaftlichen Position des Einzelnen oder gar von politischen Institutionen.

Die Menschenrechte werfen ein anderes Licht auf die Situation der Demokratie. Die historischen Etappen, die uns als Erweiterung und zugleich Schwächung der Demokratie erschienen – also die Idee der sozialen Rechte, die unter der Diktatur des Proletariats ihren Niedergang erlebte, und die Idee kultureller Rechte, die oft zu Intoleranz und Fundamentalismus

verkommt –, diese historischen Entwicklungsschritte kann man
jetzt als Etappen auf dem Weg zur Stärkung der Menschenrechte betrachten, erst politisch, dann gesellschaftlich und schließlich kulturell. Mit der Entwicklung der Menschenrechte wird
die Fähigkeit des Menschen, als freies Individuum zu handeln,
zunehmend direkt geschützt, übrigens in einer Situation, in der
die institutionellen Schranken der Ökonomie geschwächt sind
und zentrale politische Lösungen unmöglich scheinen.

Wie aber kann es in dieser Situation gelingen, die Einheit
der Vernunft und die Integration der Welt mit der Verschiedenartigkeit der Kulturen zu versöhnen? Auf ein transzendentes
Prinzip können wir jedenfalls nicht mehr zurückgreifen. Nur
dem Einzelnen kann eine solche Neugestaltung gelingen. Er
muß der Zersplitterung seiner Persönlichkeit ebenso widerstehen wie den Fragmentierungen der Gesellschaft; er muß seinem
Leben einen Sinn geben, ein life narrative, um sich so einen Le-
bensentwurf zu schaffen, in dem er sich als Subjekt seiner eigenen Erfahrungen erkennt.

Zu einem Zeitpunkt, wo Jean François Lyotard das Ende
der großen Erzählung und der Kollektivgeschichten verkündigt,
hören wir überall große Individualgeschichten – groß deshalb,
weil es den Verfassern gelingt, wie schwach sie auch sein mögen, sich als Akteure zu definieren. Sie begreifen sich eben
nicht nur als Opfer, als Konsumenten oder als Mitglieder einer
Gemeinschaft. Man könnte sagen, die Aufgabe der Demokratie
besteht darin, das Recht des Einzelnen institutionell zu garantieren, sich als Subjekt, mit einer eigenen Lebenserzählung, zu
begründen und anerkannt zu werden. Das bedeutet keineswegs,
daß man als andersartig anerkannt werden will. Im Gegenteil:
Es bedeutet, daß man, wie alle anderen auch, das Recht hat,
sich sein Leben als eine eigene, unverwechselbare, einzigartige
Kombination aus vielen Elementen zu entwerfen – aus Vergangenheit, Gegenwart und Zukunft.

Diese liberale Vorstellung von Demokratie, orientiert am
Subjekt und seiner Lebenserfahrung, wendet sich grundsätzlich
„nach unten". Sie unterscheidet sich von der heute üblichen

Suche einer Lösung „oben", also einer Lösung oberhalb des Nationalstaats, auf der Europa- oder Weltebene. Längst hat ja die „nach unten" orientierte Demokratie eine neue Ebene in der politischen Gesellschaft geschaffen. Nach den Parteien und den Gewerkschaften als den wichtigsten Vertretern von sozialen und Arbeiterrechten entwickelt sich nun eine neue Art von politischem Akteur: die Zivilgesellschaft. Ich meine das Zusammenwirken von Vereinigungen, Nichtregierungsorganisationen (NGOs), meinungsbildenden Bewegungen sowie – zugegeben – den Meinungsführern, darunter die Medien, auch wenn ihre Wirkungen des Öfteren eher negativer als positiver Natur sind. Verdienstvollerweise widmet sich die Zivilgesellschaft dem Schutz der Umwelt, die nun einmal kein ureigenes Element der Demokratie ist, und dem Schutz von Minderheiten, die nicht nur oft benachteiligt, sondern häufig auch ihrer Würde und Rechte beraubt sind. Gewiß, die Moralisierung des öffentlichen Lebens kann an die gleichen Grenzen stoßen wie die Philanthropie im 19. Jahrhundert. Und doch macht sie den Vorrang deutlich, den kulturelle Probleme, besonders aber der Respekt vor der Einzigartigkeit der menschlichen Person gegenüber Fragen der Macht (und ihres Zugangs) haben müssen.

Wir können insgesamt also feststellen: Am Ende des Jahrhunderts wird in den westlichen Industrieländern die Demokratie stärker und schwächer zugleich. Stärker wird sie, weil das Ringen um kulturelle Rechte die Kämpfe um gesellschaftliche Partizipation abgelöst hat. An Themen wie interkulturelle Kommunikation, Minderheitenrechte, Familienrecht und Erziehungspraktiken entzünden sich breite gesellschaftliche Diskussionen, die auch Parlament und Regierung beschäftigen. De facto leben wir also in liberalen Gesellschaften, die sich eher weiter öffnen als schließen. Schwächer wird sie zur gleichen Zeit, weil die so genannten demokratischen Regierungen die Hände in den Schoß legen. Sie unternehmen nichts gegen wachsende Ungleichheit und Ausgrenzung; nichts gegen den Rückgang der Arbeit angesichts des wachsenden Kapitalanteils am Bruttoinlandsprodukt. Sie lassen Währungsspekulanten ge-

währen und schweigen zur massiven Bereicherung von Top-
managern durch Aktienkapital.

Der gesellschaftliche Wandel verläuft immer kapitalisti-
scher. Er wird zunehmend von den Kräften und Entscheidungs-
trägern der Wirtschaft gesteuert, die sich ausschließlich am Ge-
winn und an eigenen Wettbewerbsvorteilen orientieren und davon träumen, sie könnten ihre gesamten Mitbewerber verdrängen. Im Industriezeitalter, der nun abgelaufenen Epoche, glaub-
te man noch, „gesellschaftliche Produktionsbedingungen" und
kapitalistische Modernisierungen seien ein und dasselbe. Die
Begriffe „Industriegesellschaft" und „kapitalistische Gesellschaft" schienen Synonyme zu sein.

Davon kann heute keine Rede mehr sein. Auf der Ebene
von Nationalstaat, Region und Stadt ist der Abstand zwischen
globalisierter Wirtschaft und den sozialen Gemeinschaften dra-
matisch gewachsen. Während die „innere" Demokratie ihre
Minderheiten gegen das Hegemoniestreben der Mehrheit verteidigt – Frauen gegen männliche Vorherrschaft, Kranke gegen
die Apparatemedizin, Schüler gegen den Korpsgeist der Lehrer
–, fragmentiert der internationale Kapitalismus die gesellschaftlichen Komplexe.

Wir leben in einer kapitalistischen Wirtschaftsgesellschaft,
die sich schleichend ihrer demokratischen Kontrolle entzieht –
und zugleich leben wir in zunehmend demokratischen Kultur-
milieus. In den Ländern westlichen Typus empfinden wir diese
Entwicklung als so massiv, daß wir vom Niedergang des Nationalstaates sprechen. Allerdings ist dies eine zweischneidige
Interpretation, weil sie die Bildung supranationaler Staaten sug-
geriert oder neuer Formen unterhalb der Nation. Richtig ist
vielmehr, daß wir die Abspaltung von Elementen beobachten
können, deren Zusammenspiel bisher den Nationalstaat ausmachte. Die Wirtschaft wirkt weltweit. Der Staat wird europä-
isch. Die Demokratie ist vor allem national. Und viele Forderungen sind lokal. Das heißt: Trotz der Globalisierung werden
die nationalen Demokratien auch in Zukunft eine zentrale Rolle
spielen. Sie bleiben Hauptvermittler zwischen einer internatio-

nalisierten Wirtschaft und der Politik, zwischen dem Globalen und dem Lokalen.

Eine demokratische politische Gesellschaft kann nur stärker werden, wenn sie sich durch die Zivilgesellschaft inspirieren läßt. Mit dem Aufbau Europas werden bislang national-staatliche Funktionen schrittweise von Brüssel übernommen beziehungsweise dort koordiniert. Das hat durchaus auch positive Wirkung. In den Nationalstaaten und seinen Regionen werden die Bindungen zwischen politischer und ziviler Gesellschaft wieder intensiver, was wiederum der repräsentativen Demokratie zugute kommt.

Die alte Verfechterin von gesellschaftlicher Integration und nationaler Einheit, die traditionelle republikanische Demokratie, wird von dieser Entwicklung zusehends geschwächt. Von außen ist sie durch Finanznetze und transnationale Unternehmen bedroht, im Inneren führt eine individualistische Kultur zu geistiger Leere. Die gewohnten Formen republikanischer Politik wirken erschöpft. Wenn also nicht alles täuscht, ist es allein die liberale Demokratie – die Demokratie des Individuums mit ihrem starken Einsatz für die menschlichen Grundrechte –, welche die klassischen Institutionen noch einmal mit neuem Leben erfüllen kann. Dieser liberalen Demokratie droht Gefahr vor allem von außen, von jenem Kriegszustand, der zur Marktwirtschaft genauso gehört wie zu autoritären Regimen.

Welche Chancen die liberale Demokratie hat, das hängt von unserer Fähigkeit ab, neue Freiheiten zu fordern. Und ob es nun gelingt, sie einzuschreiben in das Gesetz des Staates und die Sitten der Menschen.

Aus dem Französischen von Verena Vannahme

Wenn das Vertrauen fehlt

Demokratisierung ist nicht genug:
Warum die Institutionen vor allem das politische
Mißtrauen der Staatsbürger entkräften müssen

Claus Offe

Schwer zu sagen, wie zukünftige Historiker unser Zeitalter kennzeichnen werden. Es wird wohl vom Ende des Kalten Krieges die Rede sein, von „Postmoderne", der „postindustriellen Gesellschaft" oder der „Globalisierung". Plausibler zur Kennzeichnung der Veränderungen, die im vierten Quartal des 20. Jahrhunderts stattfanden, ist indes die Kategorie der liberalen Demokratie als der in dieser Epoche tendenziell alternativlos gewordenen Form politischer Herrschaft. 1974 konnten knapp 30 Prozent der existierenden Staatswesen als Demokratien qualifiziert werden. Heute sind es über 60 Prozent.

Der Triumph der liberal-demokratischen Regimeform setzte im Jahre 1974 ein. Er begann zunächst in der lateinischen Welt mit den beiden Pionieren Portugal und Griechenland. Dann folgten Spanien (1975) und schließlich, angeführt durch Nicaragua (1978/79), nicht weniger als zwölf lateinamerikanische Fälle bis hin zum (re)demokratisierten Chile (1990). Kurz vor Vollendung der chilenischen Wende setzte sich die demokratische Welle mit dem Zusammenbruch der Berliner Mauer im Herrschaftsbereich des Staatssozialismus fort und brachte dort die von Polen und Ungarn ausgehenden Demokratiebewegungen zum systemüberwindenden Durchbruch.

Heute sind sämtliche Staaten in Mittel- und Osteuropa Demokratien, so defekt ihre Praxis zum Teil auch ist. Die Welle der Demokratisierung ist nicht nur in der Republik Südafrika und in Nigeria angekommen, sondern bewegt sich auch auf Indonesien zu. Selbst die Regime, die ihr bisher getrotzt haben – die Volksrepublik China, die Staaten des Mittleren Ostens und Nordafrikas –, geraten wegen ihres Ausnahmecharakters in

Rechtfertigungsnotstände. Eine Kernidee der liberalen Demokratie, das Fundament der Menschen- und Bürgerrechte, ist
gleichzeitig zum Hauptthema der Politik nicht nur von Nationalstaaten, sondern auch von supranationalen Akteuren wie von
subnationalen Nichtregierungs-Organisationen geworden.

Dieser massive Prozeß eines demokratischen Regimewan-
dels ist durchaus erstaunlich. Er hat nämlich nicht weniger zur
Voraussetzung, als daß in den neuen Demokratien Vertrauen
zwischen den Bürgern entsteht. Die Bürger billigen sich über
alle Differenzen hinweg gegenseitig das Recht zu, als Gleich-
berechtigte an der Gesetzgebung mitzuwirken. Dazu müssen
die Bürger – heroisch und mitunter trotz gegenläufiger Umstände – darauf vertrauen, daß keine Gruppe gegen andere die
neu gewonnenen politischen Rechte böswillig oder aus Inkom-
petenz mißbrauchen wird. John Stuart Mill hatte noch befürch-
tet, daß eine plötzliche Freigabe egalitärer politischer Rechte
zur class legislation, also zu einem letztlich selbstzerstöreri-
schen Klassenkampf mit dem Wahlzettel führen müsse. Und
die „Timidität" gegenüber den von der Demokratie ermächtig-
ten Volksklassen hat Max Weber an seinen bürgerlichen Zeit-
genossen kritisch beobachtet. Wie kommt es also, daß sich die
Bürger neuer Demokratien dazu durchringen, einander ohne
Angst und Argwohn zu begegnen? Denn es versteht sich keineswegs von selbst, daß sie sich tatsächlich wechselseitig als
Mitbürger und Koautoren des für alle geltenden Gesetzes anerkennen. Oft steht einer solchen Anerkennung zu viel Unrecht
im Wege, gegenwärtiges wie erinnertes.

Demokratien sind institutionelle Formen des politischen
Lebens, in denen befristete Herrschaftsbefugnisse repräsentati-
ver Akteure an Verfassung und Gesetz gebunden und durch die
Freiheitsrechte der Bürger begrenzt sind. Alle volljährigen Bürger können auf der Grundlage gleicher Rechte am politischen
Prozeß teilnehmen. Neue Demokratien, so kann man zuspitzen,
entstehen friedlich – nicht wie viele der alten im Kielwasser
militärischer Großereignisse. Sie entstehen voluntaristisch und
sind nicht durch die „Reife" sozialer und ökonomischer Struk-

turen determiniert. Und sie sind ideologisch weitgehend erkaltete, fast nur „staatstechnische" (Max Weber) Arrangements, die den Ballast von Fortschrittsvorstellungen abgeworfen haben. Was man der Weimarer Reichsverfassung als Makel angekreidet hat, nämlich eine „Verfassung ohne Entscheidung" (will sagen: ohne Entscheidung für eine bestimmte Güter- oder Werteordnung) zu sein, gerade das erheben die neuen Demokratien zur Tugend.

Wenn die demokratische Regierungsform ideologisch derartig „farblos" ist – was macht sie dann für so viele Akteure in so vielen Ländern dennoch attraktiv? Die Antwort liegt auf der Hand: Mit der Einführung der Demokratie befreien Gesellschaften sich von ungerechten und bedrückenden Formen politischer Herrschaft. Was aber leistet die Demokratie sonst noch, zusätzlich zu ihrer Zweckdienlichkeit als Brechstange zum Systemwechsel? Was spricht noch für die Demokratie, wenn die Phase der Demokratisierung vorbei ist? Was motiviert, nach ihrer Entstehung, den Bestand der Demokratie?

Es gibt einen klaren empirischen Grund, der die Vorzugswürdigkeit der Demokratie als eines Dauerzustandes beweisen kann. Dieser folgt aus der (zuerst 1795 von Kant postulierten) Regel, daß Demokratien gegen ebenfalls demokratische Nachbarn keine Angriffskriege führen. Es gibt einen zweiten Grund dafür, die Demokratie durch ihre Leistungen zu rechtfertigen: Der Ökonomie-Nobelpreisträger Armatya Sen hat gezeigt, daß es in Demokratien keine ökonomischen Katastrophen vom Typ großer Hungersnöte gibt, wie sie sich sowohl in der Sowjetunion wie in China (nicht aber im demokratischen Indien!) im Millionenmaßstab zugetragen haben.

Im übrigen aber sind verallgemeinerungsfähige Befunde über besondere Vorzüge der demokratischen Herrschaftsform rar. Die Einsicht in den Gebrauchswert demokratischer Institutionen ist nicht so zwingend, daß sich daraus verläßliche Motive für einen demokratischen Verfassungspatriotismus ergäben. So trifft es beispielsweise nicht zu, daß Demokratien zwangsläufig einen Beitrag zu Wachstum und wirtschaftlicher Effizienz leisten. Es trifft nicht zu, daß sie Maßstäbe sozialer Gerechtigkeit durchweg besser erfüllen als alle Nichtdemokratien. Demokratien fördern nicht von sich aus eine effektive und korruptionsfreie öffentliche Verwaltung. Sie leisten nicht immer und überall einen Beitrag zur Vervollkommnung von Teilnahmebereitschaft und Urteilsvermögen der Bürger. Und sie sind nicht durchweg in der Lage, Potentiale krimineller Gewaltsamkeit stillzulegen und die Gefahr von Bürgerkriegen zu bannen. Die schlechteste Nachricht ist vielleicht, daß (neue) Demokratien letztlich wehrlos sind gegen die Gefahr ihrer Selbstzerstörung. Und es häufen sich die Belege dafür, daß die Demokratisierung halben Weges stecken bleibt. Politikwissenschaftler sprechen von einer „Entzauberung der Demokratie" oder vom neuen Typus „defekter" Demokratien.

Die Wertschätzung der Bürger für die demokratischen Institutionen, die für deren dauerhafte Befestigung („Konsolidierung") vorauszusetzen ist, wächst diesen Institutionen nicht automatisch zu. Der Appetit kommt nicht beim Essen – vor allem dort nicht, wo es nicht viel zu „essen" gibt und der Übergang zur Demokratie nicht von einem „Wirtschaftswunder" förderlich begleitet ist.

Könnte es demnach sein, daß es weniger der Wunsch der Bürger nach demokratischen Verhältnissen war, der den Systemwechsel herbeigeführt hat, als die Unfähigkeit des jeweils alten Regimes, den Gehorsam des Volkes zu erzwingen? Viel spricht dafür, daß mit Militärdiktatur und Staatssozialismus, mit theokratischen, sultanistischen, dynastischen, autoritären, diktatorischen, imperialen oder parteimonopolistischen Regimetypen in „modernen" Gesellschaften kein Staat mehr zu machen ist. Niemand kann noch halbwegs gute Gründe dafür aufbieten, weshalb irgendeine Kategorie von Personen (die Schriftgelehrten, die Funktionäre, die Militärs, die Thronerben) bessere Rechte oder höhere Kompetenz zur Entscheidung öffentlicher Angelegenheiten haben sollten als alle anderen. Autoritäre Regime sind häufig nicht in der Lage, sich rechtzeitig zu öffnen und das Risiko der Machtteilung und der Koalitionsbildung

einzugehen. So brechen sie, weil sie sich nicht biegen können.
Wenn die Trümmer beseitigt und die Beteuerungen der Mielkes
(„Ich liebe euch doch alle") im allgemeinen Gelächter unterge-
gangen sind, bleibt die Demokratie als einzige Option, und
zwar im Sinne Churchills: als die schlechteste aller Regierungs-
formen, abgesehen von allen anderen bisher ausprobierten.

Das alles spricht nur gegen die alten Regime, nicht für die
Demokratie als einen institutionellen Dauerzustand. Die Demokratie ist das, was entsteht, wenn rivalisierende Regimefor-
men passé sind. Der Zusammenbruch jener unhaltbar gewordenen Herrschaftsstrukturen führt deshalb „nur" zur Demokratisierung, nicht auch zur konsolidierten Demokratie; zur Entstehung, nicht zum Bestand eines neuen Regimes; zur Befreiung,
nicht dauerhaft auch zur Freiheit.

Notwendige Voraussetzung für die Stabilität des neuen
Regimes sind drei antithetische Bezüge, die in Vergangenheit,
Gegenwart und Zukunft liegen. Eine profilierte Selbstbegrün-
dung gewinnt die Demokratie nur dann, wenn die politischen
Eliten sich und die neue Ordnung überzeugend gegen eine alte
Ordnung (mit ihren Tätern, Opfern und Widerstandshelden),
gegen ein nichtdemokratisches Gegenüber und den Status quo
gegen das Projekt einer positiv beschriebenen Zukunft (des
„Fortschritts", der „Modernisierung") absetzen können, ein
Projekt, das nur mit den Mitteln der Demokratie realisiert wer-
den kann.

Die Vergangenheit entrückt und verblaßt, trotz des Bemü-
hens um ihre Vergegenwärtigung. Was den Kontrast in der Gegenwart angeht, so bot der Kalte Krieg den westlichen Demokratien die ungemein ergiebige Gelegenheit, sich unter Verweis
auf die „andere Seite" selbst zu idealisieren, ökonomisch wie
moralisch. Dieser Kontrast funktioniert nicht mehr, seit Ost und
West gleichermaßen „postkommunistisch" sind (und sofern
man darauf verzichtet, das Profil einer „westlichen Identität"
durch Konfrontation mit der islamischen Welt zu schärfen).
Was schließlich Zukunftsvisionen angeht, so sind der „Dritte
Weg" und die „Neue Mitte" kaum mehr als angestrengte Eu-

phemismen – ungeeignet, ein Ziel zu markieren und damit einen Kontrast zwischen Gegenwart und besserer Zukunft plausibel zu machen.

Was kann aber ohne solchen dreifachen Kontrast die Einheit des Staatsvolkes und seine Selbstverpflichtung auf die liberale Demokratie stützen? Wie kann jeder einzelne Bürger gewiß sein, daß „alle anderen" sich auch morgen noch an die demokratischen Rechte und Regeln halten werden? Wenn „ich" dessen nicht sicher sein kann – weshalb sollte ich selbst mich daran halten? Schließlich sind Demokratien „Menschenwerk". Wer garantiert mir, daß meine Mitbürger es sich nicht anders überlegen und alles revidieren? Gerade die neuen Demokratien weisen in diesem Punkt ein Problem auf, das in alten Demokratien womöglich nur verdeckt oder verdrängt ist. Im deutschen Fall stellt sich diese Frage des Vertrauens der Bürger zueinander übrigens nicht nur innerhalb der neuen Länder. Sie ist zusätzlich akut zwischen den Bevölkerungen der alten und der neuen Länder – und zwar in beiden Richtungen.

Das Risiko, daß einzelne Bürger die gemeinsamen Entscheidungen aller anderen Bürger als eine „Tyrannei der Mehrheit" wahrnehmen, ist Demokratien eigentümlich. Besonders deutlich tritt es in neuen Demokratien zutage (wohl auch in Demokratien mit großen migratorischen Minderheiten oder tiefen ethnischen Spaltungen). Vielleicht schlimmer noch: „Ich" bin nicht nur den Voten von „allen anderen" ausgeliefert – ich bin nicht einmal in der Lage, mit ihnen zu kommunizieren. Ich kann nicht mit meinen Mitbürgern sprechen, sondern nur mit deren repräsentativen Sprechern; mit denen wiederum sprechen in der Regel nur „meine" Sprecher. Es ist daher keine entlegene Besorgnis, daß „postmoderne" Gesellschaften in zahllose unverbundene Themengemeinden zerfallen, die sich gegenseitig mit Ignoranz oder Argwohn begegnen – bestenfalls sprachlos, schlimmstenfalls gewaltsam.

Es erscheint symptomatisch, daß in den internationalen Sozialwissenschaften der neunziger Jahre der Begriff des Vertrauens einen markanten Aufschwung genommen hat. Dabei geht

es um die „horizontale" Frage, ob Bürger ihren Mitbürgern mit
Vertrauen (das heißt mit der Unterstellung von Wohlwollen
und Urteilskompetenz) begegnen. Zwar könnte man meinen, in
Demokratien erübrigte sich jenes horizontale Vertrauen der
Bürger zueinander, weil es ja Institutionen gibt, die „mich" gegen Bosheit und Unverstand der Mitbürger notfalls absichern.
Aber das ist ein Trugschluß. Denn diese Institutionen sind nur
so verläßlich, wie sie bei „allen anderen" den Status einer re-
spektwürdigen Selbstverständlichkeit genießen. Diese Selbstverständlichkeit wird dann aufgekündigt, wenn wichtige institutionelle Strukturen (denken wir an Tarifautonomie, beitrags-
finanzierte Alterssicherung, föderalen Finanzausgleich) in einer
Weise politisch zur Disposition gestellt werden, die Reaktionen
wie Mißtrauen, Angst oder Panik auslösen kann.

Politisches Vertrauen erweist sich daran, daß wir die Regeln, nach denen das politisch-ökonomische Spiel abläuft, kennen und als stabil voraussetzen, weil wir erwarten, daß sich tatsächlich alle an diese Regeln halten. Dieses politische Vertrau-
en, das die Binnenverhältnisse der Zivilgesellschaft prägt, wird
erschüttert, wenn ebenso rat- wie erfolglose Regierungsakteure
das Bild bieten, die aufgestauten Probleme nur noch vor sich
herzuschieben. Denn mit diesem Bild geben sie Anlaß zu dem
Argwohn, sie könnten, um die Politikblockade zu überwinden,
das geltende institutionelle Regelwerk ändern und zu „un-
erlaubten" Praktiken mit unfairen Verteilungsfolgen Zuflucht
nehmen. Dieser Argwohn führt zu einer akuten Knappheit an
Vertrauen. Drei Gegenstrategien sind denkbar und aktuell zu
beobachten:

Vertrauensbildung „von unten": Neue soziale Bewegungen
und Bürgerrechtsbewegungen versuchen, die Zivilgesellschaft
auf einen hegemonialen Konsens über politische und soziale
Werte festzulegen. Protest, Bewußtseinsbildung, Mobilisierung
expressiver Massenaktivitäten führen zu historischen Momen-
ten einer emphatischen politischen Vergemeinschaftung, die
weit über den Kreis der unmittelbar Beteiligten hinaus Vertrau-
en begründen kann, wenn auch nur ein kurzlebiges.

Vertrauensbildung „von oben": Populistische politische Eliten wecken Gemeinsamkeitsvorstellungen, indem sie formal meist nichtpolitische Grundlagen des Einverständnisses (zum Beispiel Tugenden wie Sauberkeit, Charakterstärke) und Identitätsbilder (zum Beispiel ethnische Zugehörigkeit, regionale Verbundenheit) als ein einendes Band anbieten, das die Distanz der Bürger untereinander sowie die Distanz zwischen Zivilgesellschaft und politischer Führung überwinden soll. Dieses Spiel treibt Haider mit seiner infamen Versicherung, er sei keineswegs ein Ausländerfeind, sondern nur ein „Inländerfreund".

„Laterale" Vertrauensbildung durch Institutionen: Diese anspruchsvollste Variante funktioniert so, daß Institutionen als „moralisch plausibel" begründet und verstanden werden. Moralisch plausibel sind sie, wenn und weil sie sich gegen die Einwände der mangelnden Fairness oder der Unwahrhaftigkeit mit Gründen verteidigen lassen. Diese Plausibilität bringt im Idealfall alle Bürger zu der Vermutung, daß sie auch von allen anderen Bürgern wahrgenommen und von ihnen zum Motiv regelkonformen Handelns gemacht wird. Das Vertrauen in „alle anderen" steht und fällt mit der Glaubwürdigkeit, mit der die Institutionen die Werte der Wahrheit und der Fairness einleuchtend repräsentieren und verbürgen. Wenn also die Institutionen der Demokratie in evidenter Weise dafür garantieren, daß Lügen aufgedeckt und Verträge gehalten werden, daß ungerechtfertigte Begünstigungen verwehrt und Notlagen behoben werden, dann entfällt für die Bürger der Anlaß für Argwohn und Mißtrauen gegen die Mitbürger und deren Repräsentanten.

Die Befestigung und Verteidigung von Institutionen, die in diesem Sinne als politisch-moralische Signalgeber funktionieren, ist die Aufgabe, die sich nach Abschluß der Phase der Demokratisierung stellt. Ihre Bewältigung bleibt das Problem der Demokratie und Kriterium ihres Bestandes.

Die neue Machtfrage

Wie die Demokratie auf die Globalisierung reagieren kann

Jean-Marie Guéhenno

Nicht einmal zehn Jahre haben wir gebraucht, um festzustellen, daß die Niederlage des Totalitarismus nicht mit dem endgültigen Sieg der Demokratie zusammenfällt. Die Globalisierung schwächt zusehends die verbindenden Strukturen der menschlichen Gemeinschaft, vor allem aber die Nation. Und weil Demokratie und Nation eine Einheit bilden, nährt heute die Krise der Nation auch die Krise der Demokratie. Unvermittelt, ohne die mildernden Medien des Politischen, begegnet das Individuum (als Bürger, als Konsument und Produzent) der globalisierten Welt. Dieser Aufeinanderprall zerstört die traditionellen politischen Zusammenhänge, ohne zugleich die Grundlagen für eine Weltgemeinschaft zu schaffen. Der Weltmarkt führt nicht von selbst zu einer Weltgemeinschaft.

Im Gegenzug bewirkt die Globalisierung eine zunehmende Aufsplitterung in immer begrenztere Gemeinschaften. Die geschwächten nationalen Gemeinschaften bilden nicht länger den natürlichen Horizont unseres Lebens. Deshalb werden sie nach und nach durch andere Bindungen ersetzt: Religiöse Zugehörigkeiten, Sekten, Nicht-Regierungsorganisationen, aber auch Unternehmensidentitäten sind neue, häufig nützliche, manchmal jedoch auch gefährliche Antworten auf das von den traditionellen Strukturen immer weniger befriedigte Bedürfnis, zu wissen, wohin man gehört.

Die Krise der Nation hat in einem reichen Land andere Auswirkungen als in einem armen und in einer alten Demokratie andere als in Rußland. Die Wahrnehmung dieser Unterschiede konnte die „kulturalistische" Illusion nähren, Demokratie sei das Ergebnis einer besonderen Geschichte, eine Art politisches Äquivalent zum englischen Rasen, der halt einige hundert Jahre braucht, um sein schönes Aussehen zu erlangen. Danach müßte man unterscheiden zwischen den Völkern, die von der Geschichte auf die Demokratie vorbereitet wurden, und jenen, die noch zu wenig entwickelt sind, um diesen Anspruch erheben zu können. Somit wäre Rußland ebenso unwiderruflich zum totalitären Schicksal verdammt, wie Großbritannien ein ewiger Frühling bürgerlicher Freiheiten verheißen wäre. Doch der sichtbare Niedergang unserer eigenen politischen Institutionen sollte uns eine derartige Selbstzufriedenheit verbieten und uns zu mehr Vorsicht veranlassen.

Um die Krise der Demokratie zu begreifen, muß man sich in aller Bescheidenheit klar machen, was unsere fortgeschrittenen Demokratien, die Länder der Dritten Welt oder auch Rußland, bei allen Unterschieden, gemeinsam haben. Auf den ersten Blick verbindet nichts unsere zufriedenen, anscheinend friedlichen Wohlstandsdemokratien mit Staaten wie Indonesien oder Pakistan, die vom Zerfall bedroht sind, oder Rußland mit seiner terroristischen Gewalt und seinen beispiellosen sozialen Spannungen. Während das Elend dort politische Leidenschaften schürt, wirkt der außergewöhnliche Wohlstand der fortgeschrittenen Demokratien wie ein starkes Sedativum, ungeachtet der Geißeln Arbeitslosigkeit und Ausgrenzung in Europa.

Nur zu gern möchten wir denken, daß unser Reichtum sich nur über den Rest der Welt ausbreiten müßte (trickle-down-Effekt), damit diese demokratischer und nach und nach friedlicher würde. Wir klammern uns an den Glauben, daß Demokratie Frieden hervorbringt und Reichtum Demokratie. Damit wäre auch der Weg dorthin vorgezeichnet, und offen bliebe nur noch die Streitfrage für Ökonomen, wo es am schnellsten zum Wohlstand geht.

Tatsächlich aber durchdringen die Welt des Reichtums und die Welt der Armut einander immer mehr. Beide ruhen immer weniger auf dem bequemen Fundament tradierter Gemeinschaften. Vielmehr bestimmt sich die Identität jedes Einzelnen zusehends durch die Zugehörigkeit zu einer selbst gewählten Gemeinschaft. Eine solche Entwicklung macht es immer schwieriger, dort Demokratien zu errichten, wo bislang keine existierten, und sie bedroht deren Funktionieren dort, wo sie fest etabliert schienen.

Für die Entwicklungsländer bedeutet die Globalisierung einen ebenso heftigen Schock wie die Entkolonisierung vor 40 Jahren. Die damals nach dem europäischen Modell entstandenen souveränen Nationalstaaten werden von der Globalisierung eingeholt, ohne daß die Geschichte Zeit gehabt hätte, diese jungen Staaten als Gemeinschaften mit kollektivem historischen Gedächtnis zu festigen. Nun bietet die Globalisierung ihren Eliten Gelegenheit, sich von erstickenden Gesellschaftsstrukturen zu befreien und durch privaten Erfolg dem Scheitern einer kollektiven nationalen Zielsetzung zu entgehen, die von der Politik ohnehin nur allzu häufig verraten wurde.

Die Masse der Armen hingegen entdeckt ihre Machtlosigkeit. Folglich existieren starke Spannungen zwischen einer neuen classe mondiale, die sich in Jakarta oder in Moskau ebenso zu Hause fühlt wie in London oder New York, und der unübersehbaren Masse jener, die die kulturelle wie die wirtschaftliche Globalisierung zuallererst als Enteignung empfinden. Der intellektuelle und moralische Horizont dieser Enteigneten spiegelt sich in den Behelfsbehausungen, aus denen die Slums der Dritten Welt bestehen: ein vielgestaltiges Gefüge wieder verwendeter Materialien, eingesammelt in der Ersten Welt und für Dinge gebraucht, für die sie nie vorgesehen waren. Das Elend scheint sich durch Einfallsreichtum zu revanchieren, indem es sich Gegenstände der Ersten Welt aneignet – ein illusorischer Sieg. In Wahrheit ist er die Bestätigung der totalen, physischen wie moralischen Abhängigkeit von einer Welt, der alles, sogar die Instrumente der Revolte, entliehen wird. Die Flucht einiger Eliten in den beruflichen Ehrgeiz und der Rückzug auf ethnische oder religiöse Militanz sind beide – gegensätzlicher – Ausdruck derselben Enttäuschung über nationale politische Projekte, die einst aus den Unabhängigkeitskämpfen hervorgegangen waren und in jahrzehntelanger Korruption an Attraktivität verloren.

Damit rückt die Möglichkeit einer demokratischen und plura-
listischen Diskussion in weite Ferne.

Die traditionellen politischen Institutionen stehen nunmehr
in Konkurrenz zu allen möglichen neuen Akteuren. Diese Ent-
deckung beschleunigt auch in der entwickelten Welt den Rückzug des Politischen. Nachdem sie in den letzten hundert Jahren
von einem außerordentlichen Aufblühen der Verwaltung profi-
tiert haben, bemerken die großen Nationen der industrialisierten
Welt nun die unliebsamen Begleiterscheinungen einer Entwicklung, die Bürger in anspruchsvolle Kunden verwandelt und
Staaten in simple Dienstleistungsunternehmen. Diese uneinge-
standene Gleichsetzung haben die Staaten zu fürchten. Sie führt
zu einer radikalen Infragestellung des Staates und seines Ein-
flußbereiches.

Indem die traditionelle Politik sich unter Berufung auf ihre
Fähigkeit zur Verwaltung zu legitimieren versucht, hat sie in
Wirklichkeit an zwei Fronten verloren: Da sie einerseits unter
Verdacht steht, technokratisch zu sein, wird sie als Verwalter
kaum mehr respektiert. Da sie andererseits das Feld der Ethik
und der Werte geräumt hat, überläßt sie dieses Terrain neuen
Bewegungen, die behaupten, sie böten eine Antwort auf das tiefe
Bedürfnis des Menschen, sein Leben in besonderen Gemeinschaften zu verankern. So entstehen in den reicheren Demokrati-
en Bewegungen, in denen sich auf scheinbar paradoxe Art ein
zaghafter, defensiver Nationalismus vermischt mit wachsendem
Mißtrauen gegenüber dem Staat, obwohl dieser doch die Nation
verkörpert. In den Vereinigten Staaten steht ein Teil der republikanischen Rechten für diese Tendenz, die den Vereinten Nationen ebenso ablehnend gegenübersteht wie dem föderalen Staat.
In Europa ist der schwindende Enthusiasmus für das europäische
Projekt sichtbarster Ausdruck für dieses Gefühl. Es äußert sich
zwar in jedem Land anders; gemeinsam ist allen jedoch ein Wie-
deraufflammen von Nationalismus, selbst wenn dieser sich wesentlich unterscheidet von jenem zu Beginn des 20. Jahrhunderts.

In dieser Hinsicht besteht eine bemerkenswerte Überein-
stimmung zwischen scheinbar unvergleichbaren Situationen:

Der Rückzug in die Privatsphäre der hinter Zäunen geschützten gated communities in Amerika, der kleinbürgerliche Provinzialismus vieler Europäer und der Niedergang der Ideologien in der Welt der Entwicklungsländer zeigen dieselbe Gleichgültigkeit gegenüber den Ideen der liberalen Demokratie; soweit es kollektive Zielsetzungen überhaupt gibt, sind sie mehr und mehr religiös motiviert.

Anstatt die Politik als Mittel zu begreifen, den Wunsch nach Zugehörigkeit mit der Notwendigkeit von Machtkontrolle zu versöhnen, geraten diese beiden legitimen und einander ergänzenden Bestrebungen in Konflikt. Der Wunsch, nur mit seinesgleichen umzugehen – sprich: mit eigenen Klonen –, verdrängt die Bereitschaft, zwischen Unterschieden zu vermitteln. Damit werden die demokratischen Regeln und Verfahren weniger als Mittel begriffen, die Macht durch Ausgleich zu begrenzen. Sie gelten vielmehr zunehmend als Technik, die es einer homogenen Mehrheit ermöglicht, Minderheiten, die einen anderen Weg gehen möchten, den Mehrheitswillen aufzuzwingen.

Wenn aber eine politische Gemeinschaft ihre formalen Regeln und Verfahren nur benutzt, um ihren Rückzug auf sich selbst zu organisieren und ihre Homogenität zu behaupten, verfehlt die Demokratie ihre Aufgabe und verliert ihren tieferen Sinn – die Versöhnung von Gegensätzen, den Schutz von Minderheiten.

Diese Entwicklung betrifft nicht nur die Dritte Welt: Der zunehmende soziale Konformismus und die wachsende Zersplitterung der Gesellschaft in homogene Gruppen – zu beobachten in den USA – zeigen, daß die reichen Gemeinschaften ebenso bedroht sind wie die armen. Wir nähern uns dem autoritären Modell der „illiberalen Demokratie", von der Fareed Zakaria spricht. Das demokratische Prinzip hört auf, das politische Fundament einer notwendigen Begrenzung jeder Macht zu sein; es wird ganz im Gegenteil – im Namen der Souveränität des Volkes – zur Rechtfertigung einer zusehends intoleranten Macht. Sollte sich diese Entwicklung bestätigen, wäre das für die Demokratie tödlich. Vor allem würde sie den „öffentlichen Raum" zerstören, jene virtuelle Sphäre, in der eine bestimmte politische Gemeinschaft Unterschiede als legitim anerkennt, in der das Zufällige jeder Begegnung nicht nur hingenommen, sondern als Unterpfand der Freiheit erwünscht ist.

Die manchmal leidenschaftlichen Reaktionen auf „Globalisierung" im Sinne einer Beseitigung aller Unterschiede und einer exzessiven Amerikanisierung des gesamten Planeten zeigen, daß die Bedrohungen der Demokratie kumulieren können, womöglich auch umschlagen in fremdenfeindliche Nationalismen, mit unabsehbaren Folgen.

Unsere Freiheit wird also weder durch die abstrakte Bejahung einer Weltgemeinschaft bewahrt noch durch einen nostalgischen Rückzug auf zunehmend engere Gemeinschaften. Um zu leben, muß die Demokratie die politische Erfahrung der Zugehörigkeit zu einer bestimmten Gemeinschaft mit der Lösung praktischer Probleme beim Umgang mit der Macht verbinden. Wollen wir, daß es morgen wirkliche „Bürger der Globalisierung" gibt, so müssen wir rasch „Stufen" zwischen dem Individuum und der Globalitätsebene einbauen. Wir müssen besondere Gemeinschaften als legitim anerkennen und zugleich ihre Verknüpfung mit weiter gefaßten Gemeinschaften organisieren, damit die Welt zu einer „Gemeinschaft der Gemeinschaften" wird. Außerdem müssen wir die Modalitäten des Regierens und der Kontrolle der politischen wie der wirtschaftlichen Macht neu definieren.

Wir beginnen eben erst, das Ausmaß dieser Herausforderungen zu begreifen. Und unsere Antworten müssen zweifellos in der demokratischen Tradition Europas und zugleich der Amerikas verhaftet sein. Dank des europäischen Projekts besteht Europas Trumpf darin, daß es bereits seit 50 Jahren in einer ständigen Spannung zwischen der funktionalen Logik einer supranationalen Integration und der historischen Bindung an die Idee der Nation lebt. So hat es vor allen anderen die Spannungen erfahren, die der Globalisierung innewohnen. Auch die Überzeugung, daß eine Entscheidung nicht nur den demokrati-

schen Willen einer bestimmten Gemeinschaft widerspiegeln
muß, um legitim zu sein, sondern auch von ihren Nachbarn ak-
zeptiert werden muß, ist inzwischen in unseren Institutionen
und in unserem Denken fest verankert. Insofern ist die Kultur
des Kompromisses Teil der demokratischen Kultur Europas.
Das erklärt, warum die Europäer sich leichter tun, die Vereinten Nationen, die WTO oder den IWF zu unterstützen, globale
Organisationen, die es möglich machen sollten, die weltweite
Interdependenz mit Erfolg gemeinschaftlich zu gestalten. Wir
Europäer haben begriffen, daß wir unsere nationale Souveränität selbst begrenzen müssen. Vielleicht fällt es uns daher umso
leichter, im Namen eines gemeinschaftlichen Umgangs mit der
Globalisierung eine Selbstbegrenzung der europäischen Souveränität auf globaler Ebene zu akzeptieren. Die Amerikaner hingegen trachten aufgrund ihrer Macht und ihrer Erfahrungen danach, ihre historische Ausnahmestellung auch künftig zu bewahren; sie halten das für die beste Methode, zum Fortschritt
der Welt beizutragen.

Die Schwächung des proeuropäischen Gefühls zeigt jedoch
die Grenzen dieses Modells: Weil die Politik stärker als in den
USA im Zentrum der geschichtlichen Erfahrungen Europas
steht, weil die Bildung von Nationalstaaten in Europa die
Grundlage für die Entstehung nationaler Identitäten ist, haben
wir größte Mühe mit der Vorstellung einer Europäischen Union, die nach einem anderen Modell als dem eines großen Nationalstaates entsteht. Gleichzeitig verlagert sich unser wach-
sendes Mißtrauen gegenüber unseren nationalen Bürokratien
und politischen Kräften auf Europa. Der Europäischen Union
wirft man nämlich vor, die Verwaltung noch ein Stück mehr
der Kontrolle der Bürger zu entziehen und die Macht weiter zu
konzentrieren, während sie eigentlich dezentralisiert werden
müßte.

Auf diese Kritik sollten wir mit einer strengeren Definition
des europäischen Föderalismus antworten. Er müßte beschei-
dener werden und sollte sich eine weniger ehrgeizige Vorstellung von Politik zu eigen machen. Unsere europäische „Iden-

tität" kann nichts anderes sein als eine ergänzende Identität, die zu unseren nationalen Identitäten hinzutritt. Die Europäische Union muß eher ein Ort der Regulierung und der Harmonisierung bleiben als ein neues Verwaltungszentrum werden. Heute, da wir den alten, mittelalterlichen Traum einer „guten Macht" endlich mehr oder weniger hinter uns gelassen haben, sollten wir ihn nicht auf europäischem Niveau neu erfinden. Der Aufbau einer Macht Europa ist kein Selbstzweck. Er ist für die Europäer ein Mittel, sich an einer kollegialeren Führung der Welt zu beteiligen und ihre kollektiven Geschicke stärker zu kontrollieren. Europa ist kein Projekt der Macht, sondern der Demokratie.

In dieser Hinsicht kann die amerikanische Tradition der Demokratie helfen, richtig auf den Globalisierungsprozeß zu reagieren. Amerika ist heute eine politische Großmacht. Das Besondere an seiner historischen Erfahrung ist aber, daß politische Diskussionen im amerikanischen Leben nur begrenzt Platz haben. Das erklärt sich nicht nur daraus, daß die Privatsphäre ausgeprägter ist, sondern auch daraus, daß – wie Alexis de Tocqueville hervorgehoben hat – sich eine Vielzahl von Vereinigungen der öffentlichen Interessen annehmen. Anstatt monopolistisch das Gemeinwohl zu vertreten, konkurrieren die politischen Institutionen mit allen möglichen Akteuren; sogar die Unternehmen sind am Aufbau sozialer Bindungen außerhalb der Politik beteiligt. Diese Flexibilität paßt zu dem Fließen der Globalisierung. Gewiß sind territorial verankerte politische Institutionen notwendig, um den öffentlichen Raum zu organisieren. Sie werden jedoch niemals agil genug sein, um die neuen Formen der Macht in einer weniger territorialen Welt begleiten und wirksam kontrollieren zu können. Sie werden sich künftig auf Konkurrenten einstellen und sie akzeptieren müssen.

Im Zeitalter der Globalisierung besteht die beste demokratische Strategie also nicht darin, eine „gute Macht" als Ausdruck einer menschlichen Gesellschaft mit klar definierten Grenzen oder einer utopischen Weltgemeinschaft zu errichten.

Sie besteht vielmehr in einer systematischen Aufteilung von Macht zum Zweck ihrer Begrenzung. Wenn es stimmt, daß der Nationalstaat nicht länger das Fundament des demokratischen Prozesses sein kann und die Globalisierung nicht nur neue Kontinentalstaaten schafft, sondern das Wesen der Macht insgesamt verändert, dann drängt es, mit der Vielfalt menschlicher Gemeinschaften zugleich die Notwendigkeit eines geregelten Umgangs miteinander anzuerkennen. Zur Stärkung der Demokratie ist es erforderlich, die Legitimität neuer, besonderer Gemeinschaften – nicht nur solcher politischer Natur, auch regionale und nicht staatliche Zusammenschlüsse – zu akzeptieren und dabei zu verhindern, daß diese sich abschotten. Das bedeutet, die Grenzen zu verwischen, vielfältige Zugehörigkeiten zu organisieren, darüber hinaus aber auch das Gleichgewicht zu verändern zwischen den traditionellen politischen Institutionen, zwischen Organisationen, die dem Gemeinwohl verpflichtet sind, und Privatorganisationen. Denn das Bedürfnis nach Zugehörigkeit, das jedem Menschen innewohnt, soll in den neuen Gemeinschaften jene Antworten finden, die politische Institutionen nicht mehr ausreichend zu bieten vermögen. Anders ist die Demokratie in einer Welt, die nicht länger nach territorialer Logik regiert wird, nicht mehr zu bewahren.

Aus dem Französischen von Verena Vannahme

Kann es eine gerechte Weltgesellschaft geben?

Skeptische Anmerkungen zu einer großen Utopie

Avishai Margalit

An der Schwelle zum neuen Jahrtausend herrscht Endzeitstimmung. Je näher die magische Zahl 2000 rückte, umso lauter beteiligten sich sonst eher besonnene Gemüter am „Global-Talk". Visionen haben Hochkonjunktur. Erst recht Prognosen für das nächste Jahrtausend. Was in unserer unmittelbaren Nachbarschaft geschieht, wirkt hingegen fad und belanglos; alles Lebenswichtige scheint sich in der globalen Sphäre abzuspielen. Vorausgesetzt, wir schaffen uns die provinziellen Balkan-Kriege vom Hals.

Nun habe ich aber Vorbehalte gegen Aussagen, die immer gleich die ganze Welt umspannen. Von globalen Themen zu reden kommt mir allzu uferlos und unbestimmt vor, gelegentlich auch zu eskapistisch. Andererseits kann es ebenso eskapistisch sein, diesen Themen aus dem Weg zu gehen. Daher steht für mich am Anfang der Überlegungen über die Zukunft der Demokratie die Frage: Kann die Menschheit eine Gesellschaft bilden, die frei von institutioneller Demütigung ist? Oder, anders gefragt: Kann die Menschheit im Ganzen eine anständige Gesellschaft (eine decent society) bilden?

Ich unterscheide zwischen einer anständigen und einer zivilisierten Gesellschaft. Unter einer zivilisierten Gesellschaft verstehe ich eine Gesellschaft, in der die Menschen einander nicht demütigen; mit einer anständigen Gesellschaft meine ich das Verhalten von Institutionen. Auf meine Ausgangsfrage bezogen, hieße das: Läßt sich die Welt so verändern, daß sie von globalen, weltweiten, demokratischen und vor allem: nichtdemütigenden Institutionen regiert wird?

Unter „Demütigung" verstehe ich nicht einfach nur die soziale Degradierung eines Menschen vor sich selbst oder in den

Augen anderer, sondern seine Herabsetzung als Mensch, in seinem Menschsein. Beispiele für Demütigung im fundamentalen Sinn – im Sinne der Verletzung der Menschenwürde – wären etwa, wenn Menschen wie Maschinen, wie „Nummern", wie Tiere, als Untermenschen oder ewig unmündige Kinder behandelt werden. Daher lautet meine Frage in einer dritten Formulierung: Ist es möglich und wünschenswert, daß die Menschheit als Ganzes eine nichtdemütigende Gesellschaft bildet?

Zugegeben, die Frage, ob die Menschheit jedes ihrer Mitglieder als menschliches Wesen behandeln sollte, hat etwas Tautologisches. Denn wie sonst sollte die Menschheit ihre einzelnen Mitglieder behandeln? Aber der Eindruck einer Tautologie täuscht. Die Menschheit ist nämlich keine Gesellschaft; die Individuen, die jenes Aggregat bilden, das wir „Menschheit" nennen, interagieren nicht systematisch genug, um eine Gesellschaft mit staatsähnlichen Institutionen zu sein. Gewiß, es bestehen umfassende internationale Beziehungen, expandierende transnationale Beziehungen und demokratische Organisationen; kosmopolitische Realitäten und Organisationen existieren jedoch nicht. Wer also vorschlägt, die Menschheit in eine anständige Gesellschaft zu verwandeln, will das Pferd beim Schwanz aufzäumen. Richtig herum lautet die Frage: Sollten wir die Menschheit in eine Gesellschaft mit voll ausgebildeten globalen Institutionen verwandeln? Sollen wir uns auf den Weg zu einer Weltgesellschaft machen?

Für diesen Vorschlag gibt es ein gutes Argument: Um die Menschenwürde zu gewährleisten und die Welt von der Demütigung zu befreien, sollte eine politische Gesellschaft gegründet werden, die auf der einzig moralisch relevanten Eigenschaft aufbaut, nämlich der, Mensch zu sein. Nur die ganze Menschheit ist eine Gesellschaft, die diese Bedingung erfüllt; Etikettierungen hingegen, die nur auf bestimmte Segmente der Menschheit zutreffen, wie Tutsi (Volksstamm), das Proletariat (Klasse), die Serben (Nation) und die Schiiten (Religionsgemeinschaft), fördern Konflikte. Aus politischen Etikettierungen wird dann leicht die Unterscheidung zwischen Freund und Feind.

Wie schnell solche Etikettierungen zu Entmenschlichung und Dämonisierung führen, hat sich in Serbien und in Osttimor gezeigt. Dagegen scheint die Gründung einer Gesellschaft zwingend zu sein, die mit einem Etikett auskommt, das für alle gilt und niemanden ausschließt: Mensch zu sein. Und das einzige Etikett, das zur Zugehörigkeit zum Commonwealth des Menschen berechtigt, wäre damit auch jenes, das die anständige Gesellschaft zu schützen versucht, eben: Mensch zu sein.

Man sieht, es besteht eine fundamentale Beziehung zwischen der Idee einer anständigen Gesellschaft als einer nichtdemütigenden und der Idee einer demokratischen Weltgesellschaft, der alle Menschen angehören – einfach, weil sie Menschen sind.

Die These, daß nur die Menschheit als Ganzes einen Schutz gegen Demütigung bieten kann, erfordert allerdings noch einige Zusatzannahmen. Denn eine Ideologie, die an die „wahre" Menschheit appelliert, kann reale Menschen als Parasiten, gleichsam als Untermenschen, aus dem Kreis der Menschheit ausschließen. Dafür ist der Bolschewismus ein Beispiel; er war eine universalistische Ideologie, die im Namen der „wahren" Menschheit – beispielhaft verkörpert in der Arbeiterklasse – auftrat. Wenn wir verhindern wollen, daß aus der Menschheit einige als Nichtmenschen ausgeschlossen werden, sollten wir die Menschheit nicht zum Ideal erheben, sondern einfach nur so betrachten, wie sie ist. Denn wo die Vorstellung vom Übermenschen herrscht, gibt es auch Untermenschen.

Obschon mein Argument für den Kosmopolitismus, also die Grundlage für die Errichtung einer nichtdemütigenden Weltgesellschaft, keineswegs identisch ist mit Kants Argument für das Weltbürgertum (als Bedingung für die Durchsetzung universeller Gerechtigkeitsstandards), so ist es dem Geiste nach doch ein kantisches Argument. Denn ich meine, daß die anständige Gesellschaft nach der gerechten die zweitbeste ist. Und wenn der Kosmopolitismus notwendig sein sollte, um eine stabile und anständige Gesellschaft etablieren zu können, dann gilt dies umso mehr für die gerechte Gesellschaft.

Gewiß, der Kosmopolitismus ist eine edle Idee, die das Gute in uns anspricht. Aber ist die Idee auch gut? Um diese Frage beantworten zu können, müssen wir unterscheiden zwischen dringenden und wichtigen Problemen: Eine gerechte Gesellschaft ist wichtiger als eine anständige, aber ihre Verwirklichung ist weniger dringend. Die Abschaffung von Grausamkeit, besonders von physischer Grausamkeit, ist ein viel drängenderes Problem als die Beseitigung von Demütigung. Brennende Probleme erfordern sofortiges Eingreifen. Wer die Einrichtung einer anständigen, die Menschen nicht demütigenden Gesellschaft davon abhängig macht, daß erst einmal ein Weltstaat errichtet werden müsse, verkennt, daß es sich bei der Abschaffung von institutioneller Demütigung um ein vordringliches Problem handelt. So sind wir, was die Idee der anständigen Gesellschaft angeht, auf politischen Realismus angewiesen. Wir brauchen einen genauen Blick dafür, was in der nahen Zukunft machbar ist – denn langfristig sind wir bekanntlich alle tot. Und mag die Globalisierung in den nächsten Jahren auch noch so weit fortschreiten, Kants Weltbürgertum, gar die Einrichtung einer demokratischen Weltgesellschaft, steht nicht auf der Tagesordnung.

Aber sogar die Idee der anständigen Gesellschaft, ja viel mehr noch die Idee einer anständigen Weltgesellschaft, wirft zwei schwierige Fragen auf. Zunächst einmal fragt sich, was es heißen soll, andere als Menschen zu behandeln. Wir haben eine ungefähre Vorstellung davon, was es heißt, jemanden als Zimmermann, als Kirchgänger, als Bürger oder als Mutter zu behandeln. Was aber heißt es, jemanden als Menschen zu behandeln? Jemanden als Menschen zu behandeln ist ein Nebenprodukt davon, ihn oder sie als Zimmermann, Kirchgänger und so weiter zu behandeln. Jemanden zusätzlich auch noch als Menschen zu behandeln scheint keinen unabhängigen Inhalt zu haben.

Die zweite Frage ist noch schwieriger: Die menschliche Welt setzt sich aus zu vielen und zu unterschiedlichen Kulturen zusammen, als daß ein universeller Begriff des Menschlichen plausibel wäre. Und wollen wir etwa eine kosmopolitische Gesellschaft auf Grundlage unserer beschränkten Vorstellung von einer universalen Menschheit ausrufen? Ist Kants Weltbürgertum etwa nicht die reinste Manifestation des moralischen Imperialismus der Aufklärung? Eines gutartigen Imperialismus, mag sein; aber eines Imperialismus immerhin.

Die beiden Fragen hängen zusammen. Andere als Menschen zu behandeln heißt mindestens, die Rechte aller anderen Menschen, ungeachtet ihrer Person, zu respektieren. Vielleicht wäre es deshalb besser, eine anständige Gesellschaft ex negativo zu beschreiben. Denn wenn es schwer fallen mag zu sagen, was es genau bedeutet, andere Menschen als Menschen zu behandeln, so wissen wir doch alle ganz genau, was es heißt, sie nicht als Menschen zu behandeln, das heißt, sie zu demütigen. Es fällt leichter, die Verletzung von Menschenrechten zu erkennen, als zu sagen, was ihre Einhaltung bedeutet oder worin genau sie bestehen.

Bei meiner Überlegung, wie eine anständige Gesellschaft aussehen könnte, ziehe ich es also vor, mich auf die Idee vom Verzicht auf institutionelle Demütigung zu beziehen – und nicht auf die Idee von der Anerkennung der Menschen als Menschen. Denn der Begriff der Demütigung umfaßt weit mehr als die Verletzung der Menschenrechte. Demütigung geht einher mit Gesten und symbolischen Akten, die im Allgemeinen eine Deutung im kulturellen Zusammenhang erfordern. Doch es gibt viele Kulturen, und Demütigung kann von Kultur zu Kultur sehr verschiedene Formen annehmen. Eine beleidigende Geste, die in Europa allgemein verständlich ist – Desmond Morris nennt das Beispiel des Langenasezeigens –, wird schon in Tunesien weder benutzt noch verstanden.

Sollte uns das nicht davor warnen, Demütigung, Beleidigung, Verspottung und so weiter zu universalen Begriffen zu erheben? Nicht wirklich. Die Tunesier mögen vielleicht zum Zwecke der Beleidigung andere Gesten benutzen, aber das bedeutet noch nicht, daß ihnen unsere Vorstellungen von Demütigung fremd sind. Die Ausdrucksformen für Demütigung mögen kulturspezifisch sein, aber die Vorstellung selbst überwindet problemlos kulturelle Grenzen. Kulturelle Vielfalt ist kein Hindernis für meine Vorstellung von der anständigen Gesellschaft, sei es in jeder heute existierenden Gesellschaft, sei es auf der ganze Welt.

Noch eine andere, moralisch drängende und politisch wichtige Frage stellt sich im Kontext der Globalisierung: Läßt sich auf der Grundlage von staatlich praktizierter Demütigung die Intervention der Staatengemeinschaft in die inneren Angelegenheiten eines souveränen Staates rechtfertigen? Unter Intervention verstehe ich dabei nicht den Versuch der Einflußnahme auf den demütigenden Staat, sondern die Verletzung seiner territorialen Integrität.

Das moralische Pendel in den internationalen Beziehungen schwingt gegenwärtig wieder verstärkt in Richtung Intervention. Früher bedurften die Weltreiche für ihre Expansionszüge und Interventionen keinerlei Rechtfertigung; Ruhm und Eigeninteresse galten ganz selbstverständlich als ausreichende Motive. Im Imperialismus der Neuzeit diente die Verbreitung der Zivilisation als Rechtfertigung für Intervention und Fremdherrschaft. Unter Verbreitung der Zivilisation hat man sich vorzustellen, daß eine „überlegene", das heißt weiße Rasse den „tiefer stehenden" Eingeborenen eine „höhere" Kultur verabreichte, gewöhnlich mit einer ordentlichen Portion Christentum versetzt. Die Entkolonialisierung, also jener Prozeß, in dessen Verlauf das Mutterland die Herrschaft über die Kolonien aufgab und ihnen den Status souveräner Staaten gewährte, verdankte sich unter anderem der wachsenden Einsicht, daß der Kolonialismus eine extreme Form von Demütigung darstellt.

Vor dem Hintergrund der Entkolonialisierung schwang das Pendel heftig in Richtung Nichtintervention in die inneren Angelegenheiten von unabhängigen Staaten aus. Doch in vielen Fällen erweisen sich diese inneren Angelegenheiten in den vom Joch des Kolonialismus befreiten Ländern als Verschleierung für Akte brutaler Grausamkeit und Demütigung. Die ehemaligen Kolonialmächte sehen sich heute einem Dilemma gegenüber: Mischen sie sich ein, so rufen sie die bösen Geister der Vergangenheit wieder wach, in der sie selbst die „Demütiger" waren; mischen sie sich nicht ein, dann nehmen sie horrende Verbrechen gegen die Menschlichkeit wie Genozid, ethnische Säuberungen, Folter und systematische Demütigung in Kauf.

Die Last der Kolonialgeschichte hat zu einer stark antiinterventionalistischen Grundhaltung geführt, zur Vermutung eines Mangels an Interventionsgründen, vergleichbar der juristischen Unschuldsvermutung zugunsten des Angeklagten im Strafprozeßrecht. Ähnlich wie dort kann diese Mangelvermutung durch Beweise widerlegt werden. Ich bin der Ansicht, daß sie im Fall von schwerer körperlicher Grausamkeit und Vernichtung nicht nur einfach widerlegt, sondern sogar umgekehrt werden sollte: Dann sollte die Vermutung gelten, daß Interventionsgründe vorliegen. Die Beweislast läge dann bei denen, die gegen eine Intervention plädieren.

Anders im Fall der Demütigung: Dafür sollte weder eine pro- noch eine antiinterventionalistische Vermutung gelten. Bei Akten der Demütigung wäre in jedem Einzelfall zu prüfen, was vernünftigerweise für oder gegen eine Intervention spricht, und anschließend darüber zu entscheiden.

Grundsätzlich sollte also folgendes gelten: Die Bekämpfung von Verhältnissen, in denen die Würde des Menschen systematisch verletzt wird, ist unverzichtbar, steht jedoch an zweiter Stelle. Für die oberste politische Priorität im globalen Ringen um die Demokratie halte ich die Verhinderung von Grausamkeit und Gewalt. Alles andere kommt danach.

Aus dem Amerikanischen von Anne Vonderstein

Die Rückkehr der Politik

*Die wachsende Ungleichheit ist ein Angriff auf
die politische Freiheit aller Bürger*

David Held

Das ‚Ende der Politik' ist seit dem Zweiten Weltkrieg schon oft
verkündet worden. Mit Ende der Politik meine ich ganz allgemein das Ende der politischen Ideologien oder besser: das Ende
des Konflikts zwischen ideologisch begründeten Weltbildern.
Doch bei Politik und Geschichte gibt es kein ‚Ende', vielleicht
nur Kreise und Wiederholungen. Vielleicht wiederholen wir
uns nur, weil wir so ernsthaft in der Gegenwart leben. Oder
vielleicht deshalb, weil das, worum es geht, eine so große Herausforderung ist: die Tendenz, eine Theorie der so-zialen Gerechtigkeit durch eine der Märkte zu verdrängen. Der Druck,
der in diese Richtung geht, sollte nicht unwidersprochen bleiben.

In den späten fünfziger und frühen sechziger Jahren des 20.
Jahrhunderts waren die politischen Analytiker angesichts der
außerordentlichen Umwälzungen der kapitalistischen Welt –
zwei gewaltige Kriege, die Oktoberrevolution, die Weltwirt-
schaftskrise der dreißiger Jahre, der Aufstieg von Faschismus
und Nationalsozialismus – beeindruckt von der relativen Har-
monie, politisch und gesellschaftlich, die auf den Zweiten
Weltkrieg folgte. Amerikanische und europäische Politikwissenschaftler entwickelten Erklärungen für diesen Zustand. Eine
bedeutende Gruppe stellte die These vom ‚Ende der Ideologie'
auf und verstand darunter einen Rückgang der Unterstützung
von Intellektuellen, Gewerkschaften und linken Parteien für
das, was Seymour Martin Lipset das ‚Schwenken der Roten
Fahne' nannte, also das sozialistische Projekt.

Solche Argumente wurden zwar gern gehört, hatten aber
nicht lange Bestand. Das schlichte Bild von politischem Ein-

verständnis und langfristigem Wohlstand bekam in den sechziger und siebziger Jahren deutliche Risse. Im Gegensatz zum Optimismus, der in der These vom ‚Ende der Ideologie' steckte, legte sich Ende der siebziger Jahre eine gedrückte Stimmung über Washington und andere Zentren des Westens. Gründe waren insbesondere die Niederlage der USA in Vietnam und der Aufstieg Japans als Wirtschaftsmacht. Diese Stimmung wurde in den achtziger Jahren verstärkt durch eine Flut bedeutender Veröffentlichungen, darunter Paul Kennedys The Rise and Fall of the Great Powers (1988), die den (relativen) Niedergang der Macht der USA diskutierten.

Die Veröffentlichung von Francis Fukuyamas Essay The End of History (1989) sowie das Erscheinen seines Buches The End of History and the Last Man (1992) setzten dagegen einen beruhigenden Kontrapunkt und trugen mit ihrem zuversichtlichen und positiven Ton auch wesentlich zur Wiederherstellung des Glaubens an die Überlegenheit westlicher Werte bei. Fukuyama feierte nicht nur den ‚Triumph des Westens', sondern auch, wie es bei ihm heißt, ‚das Ende der Geschichte als solche, das heißt, den Endpunkt der ideologischen Evolution des Menschen und die Universalisierung der westlichen liberalen Demokratie als endgültige Regierungsform des Menschen'.

Für viele zählen Fukuyamas Schriften zu den ‚Schlüsseltexten unserer Zeit'. In gewisser Weise lieferten sie eine differenzierte Rechtfertigung mancher Gemeinplätze, die sich bei den führenden westlichen Regierungen der achtziger Jahre fanden, insbesondere denen Margaret Thatchers und Ronald Reagans. Sie bestätigten den Ansatz der neoliberalen Neuen Rechten, die den Tod des Sozialismus verkündete und den Markt und den Minimalstaat zur einzig legitimen und lebensfähigen Zukunft erklärte.

Falsch wäre allerdings die Behauptung, Fukuyama sei nur bei den Neokonservativen auf Resonanz gestoßen. Einem breiten politischen Spektrum fiel es schwer, seine Thesen insgesamt beiseite zu wischen, trotz mancher Einwände im Detail. Dazu gehörte, daß Fukuyama versäumt hatte zu fragen, ob systematische Asymmetrien bei Reichtum, Einkommen und Chancen das Ergebnis der bestehenden Minimalregulierungen der Märkte sein könnten und ob eine ganz bestimmte Freiheit, nämlich die Freiheit, unbegrenzte ökonomische Ressourcen anzuhäufen, einen Angriff auf die politischen Freiheiten aller Bürger darstellt. Wer diesen Angriff nicht zu erkennen und zu analysieren bereit ist, ignoriert eine der größten Gefahrenquellen für die Freiheit in der gegenwärtigen Welt – die enorm angewachsene Ungleichheit.

Diese Fragen und Schwierigkeiten setzen sich fort in der neuesten Version vom ‚Ende der Politik': Ich meine die Idee des Dritten Weges als des Endes der Ideologien. Sie verkündet nicht nur den Tod des neoliberalen Marktfundamentalismus wie des traditionellen sozialistischen Denkens. Sie erhebt überdies den Anspruch, einen neuen, neutralen Standpunkt in der Politik zu formulieren. Zur Illustration zitiere ich aus einem denkwürdigen Interview Tony Blairs mit John Humphries von der BBC. Thema ist die ökonomische Globalisierung und wie man sich dazu verhalten könnte.

> *John Humphries (H):* Wie schon lange nicht mehr hängt das Schicksal unserer Wirtschaft in großem Maße davon ab, was auf der Weltszene geschieht. Was können Sie da tun?
>
> *Tony Blair (B):* Wir können kurzfristige und langfristige Dinge tun ...
>
> *H:* Beunruhigt es Sie denn nicht, daß dieses ganze Geld, diese 1,3 Trillionen Pfund [täglich], auf der Welt umherschwappen und daß ein paar Jungs mit Hosenträgern auf die Weise ganze Volkswirtschaften destabilisieren können?
>
> *B:* Doch, aber ich glaube, daß die Welt eben so läuft ... Diese Veränderungen sind Veränderungen, gegen die wir uns nicht immunisieren können. Aber wir können versuchen, dafür zu sorgen, daß unsere Volkswirtschaft langfristig so gut wie nur irgend möglich in Schwung kommt.
>
> *H:* Das ist ja nun ein etwas anderes Thema als das von mir angeschnittene, nämlich die Finanzmärkte. Da könnte man doch einiges tun – Devisenkontrollen, beispielsweise.

B: Nein. Also, ich würde sagen, das wäre der falsche Weg ... Wir werden in einem Markt der globalen Finanzen leben, da gibt es dann Investoren, die beschließen, daß sie ihr Geld aus einem Land ins andere bewegen. Wenn wir es auch mit einem sehr ernsten ökonomischen Problem zu tun haben, so haben wir doch enorme Vorteile von dem größeren internationalen Handel und davon, daß es keinen Protektionismus und keine Devisenkontrolle gibt. Ich muß zugeben, ich gehöre zu denen, die sagen: Sehen Sie, das ist nun mal die Situation, in der Sie leben und arbeiten, also versuchen Sie, sich darauf einzustellen.

H: Sie könnten eine Spekulationssteuer einführen.

B: Nein, das wäre falsch, weil wir doch eigentlich wollen, daß die Leute das Geld sehr, sehr schnell bewegen können.

H: Auch wenn die bloß damit spielen und so eine ganze Währung kaputtmachen können?

B: Nun, da müssen wir sehr vorsichtig sein, weil, ich finde, das ist so leicht dahingesagt – aber dahinter stecken schließlich Leute, die entscheiden, in welche Wirtschaft sie investieren, und wenn wir uns als Welt auf den Protektionismus zurückziehen, dann ...

H: Warum müßte eine Steuer für Spekulanten denn gleich Protektionismus sein?

B: Wenn Sie den Leuten tatsächlich sagen: ‚Also, wir werden euch dafür besteuern, daß ihr Geld herumbewegt‘, und wenn wir dann auch noch sagen würden: ‚Also, wir erwägen, ob wir wieder eine Devisenkontrolle einführen‘, ich glaube, dann ist das nur noch ein sehr kleiner Schritt dahin, daß Länder sagen: ‚Also, wir errichten jetzt Importkontrollen.‘ Meiner Ansicht nach ist der globale Markt unterm Strich aber gut für uns. Und die Folgen packen wir am besten so an, daß wir uns auf die Zukunft vorbereiten und uns mit dem nötigen Rüstzeug versehen. Und nicht versuchen, uns der Entwicklung zu widersetzen oder sie abzuwehren oder zu sagen, es sollte sie nicht geben.‘

Für Tony Blair ist die Globalisierung die dominierende Kraft unserer Zeit, der wir uns alle anpassen müssen. Nach Blairs Rechnung ist die Politik kein Nullsummenspiel – das steigende Wasser macht alle Boote gemeinsam flott. Verlierer muß es nicht geben. Und auch keine Feinde. Die Sprache, die versucht, diese Vision einer ‚Plussummen‘-Politik zu erfassen, handelt von der Synergie ökonomischer Effizienz und sozialer Gerechtigkeit (für den Einzelnen und die Gesellschaft), verbunden durch flankierende Einrichtungen und erneuerte Gemeinschaften. Investitionen für die Armen sind also nicht nur deshalb legitim, weil sie dem Ziel einer inclusive society, einer alle einbeziehenden, faireren Gesellschaft, dienen, sondern auch wegen sinkender Verbrechenszahlen und fallender Versicherungsbeiträge. Ebenso reduzieren Ausgaben für Gesundheit und die Verschärfung von Gesetzen zur inneren Sicherheit soziale Ausgrenzung und Absentismus und steigern so die Produktivität. Wirtschafts- und Sozialpolitik werden zu einem segensreichen Kreis geschlossen. Labour als die große Volkspartei kann also mit dem Ziel einer Plussummen-Modernisierung regieren. Doch wie erreicht man dies in einer modernen globalen Wirtschaft?

Seit Ende der siebziger Jahre gab es einen Konsens zwischen allen Staaten und Organisationen mit ökonomischem Gewicht (US-Regierung, G-7-Länder, OECD, IWF, Weltbank und so weiter): Danach ist es notwendig und erstrebenswert, daß einerseits Rechtsordnung und politische Strategien zugleich von den Prinzipien der liberalen Demokratie geformt werden und andererseits von Strategien mit eindeutigen Zielsetzungen: niedrige Inflation, ausgeglichener Haushalt, Abbau von Handelshemmnissen und Devisenkontrollen, maximale Freiheit für das Kapital, minimale Regulierung des Arbeitsmarkts und ein verschlankter, anpassungsfähiger Wohlfahrtsstaat, der seine Bürger zur Arbeit drängt. New Labour hat sich mit seiner Version des Dritten Wegs diesen Konsens ausdrücklich zu eigen gemacht und sieht darin die Basis für die größtmögliche Deckung aller Interessen.

Damit freilich wird die Anpassung an die internationale Wirtschaft – vor allem an die globalen Finanzmärkte – zum Orientierungspunkt der Wirtschaftspolitik. Die ‚Entscheidungssignale‘ dieser Märkte werden so ein – wenn nicht der – Maßstab für rationale Entscheidungen. Regierungen, so die allgemeine Ansicht, können Marktentscheidungen nicht erfolgreich voraussagen und sollten das auch gar nicht versuchen. Damit werden bestimmte Wirtschaftsinteressen und ein sehr enges Verständnis des öffentlichen Nutzens bevorzugt – und genau das verstehe ich unter dem ‚Ende der Politik‘.

Kürzlich hat Blair zwar von der Bedeutung von Maßnahmen zur besseren Regulierung internationaler Kapitalmärkte und Finanzströme gesprochen. Doch eine grundlegende Kursänderung in diesem Sinn ist nicht auszumachen. Alle Maßnahmen scheinen vielmehr darauf ausgerichtet, die wirtschaftliche Globalisierung in ihrer gegenwärtigen Form zu fördern.

Dementsprechend gehen mit der Anpassung an die Erfordernisse der internationalen Wirtschaft bestimmte angebotsorientierte Maßnahmen einher – allen voran der Einsatz von Bildung und Ausbildung als Instrument der Wirtschaftspolitik. Der Einzelne soll in die Lage versetzt werden, den Herausforderungen eines gesteigerten (lokalen, nationalen, globalen) Wettbewerbs und der größeren Mobilität des Kapitals gerecht zu werden. Das ist die Essenz des Dritten Wegs. Der Bürger muß anpassungsfähig, flexibel, qualifiziert, auf kurzfristige Anstellung orientiert und engagiert sein, vor allem aber zufrieden, wenn konkurrierende Unternehmen (kleine, mittlere oder namhafte multinationale) ihn ‚erwählen‘.

Hinzu kommt ein auffälliges Zaudern bei Fragen der Verteilungsgerechtigkeit, des Ausgleichs zwischen Steuern und sozialer Fürsorge sowie jedweder Verpflichtungen, die Arbeitgebern und Wohlhabenden obliegen könnten oder sollten. Besonders deutlich wird das in der gemeinsamen Erklärung von Tony Blair und Gerhard Schröder zum Dritten Weg (und zur Neuen Mitte).

Gibt es zu alldem eine plausible Alternative? Ich denke schon, und Hinweise darauf finden sich in fundamentalen Elementen unserer demokratischen Traditionen. Ihrem Wesen nach legt die Demokratie Wert darauf, daß alle Menschen als Bürger ein gleiches Interesse an ihren politischen Gemeinschaften haben. Die Staatsbürgerschaft bietet eine Mitgliedschaft in einer politischen Gemeinschaft an, was im Prinzip gleiche

Rechte und Pflichten mit sich bringt. Demokratische Politik hängt vom Schutz und von der Pflege dieser Rechte und Pflichten ab. Das Spezifische einer solchen Politik ist die Verpflichtung, besonders die strukturellen Ungleichheiten zu verringern, die die Menschen in ihrer Stellung als freie Mitglieder ihrer Gemeinschaft bedrohen.

Diese zweifache Aufgabenstellung verlangt von den Regierungen die Kontrolle und Regulierung all jener Machtsysteme – seien es wirtschaftliche, gesellschaftliche oder politische –, die die Möglichkeit freier und gleicher Beteiligung am öffentlichen Leben stören, untergraben oder beschädigen. Das ist die Voraussetzung für jedes Vorgehen gegen illegitime Macht- und Chancenungleichheit und somit die demokratische Grundlage einer Politik der Intervention: Sie besteht nicht in der Kontrolle von Machtsystemen an sich, vielmehr schafft sie die Basis für Selbstbestimmung und Erweiterung der staatsbürgerlichen Mitwirkung.

Was bedeutet diese Vision im Kontext der wirtschaftlichen Globalisierung und einer komplexen, vielfältig vernetzten Welt? Wenn eine politische Alternative zum Dritten Weg, also zur Anpassung an die weltökonomischen Bedingungen, überzeugend sein soll, dann muß sie zeigen, daß die wirtschaftliche Globalisierung keine vorgegebene Tatsache ist, sondern ein Prozeß, der beeinflußt und verändert werden kann – und verändert wird.

Ein breiter internationaler Ansatz zur demokratischen Auseinandersetzung mit der wirtschaftlichen und finanziellen Globalisierung unterscheidet sich von liberalen Marktlösungen mit ihrer formelhaften Betonung von Entlastung und Deregulierung von Märkten in der Hoffnung, daß sie dann besser funktionieren. Er unterscheidet sich aber ebenso von nationalistischen und interventionistischen Strategien, die für den Vorrang eines nationalen Wirtschaftsmanagements eintreten. Ein demokratischer Ansatz hat das politische Ziel, in der globalen Wirtschaftsordnung mehr Transparenz und Verantwortlichkeit durchzusetzen.

Nötig ist erstens eine Erweiterung der Gesetze zur Neugestaltung der Märkte, um deren Unwägbarkeit und den massiven
gesellschaftlichen und ökologischen Kosten, die sie manchmal
erzeugen, entgegenzuwirken. Die Grundregeln des freien
Marktes und der Handelssysteme müssen verändert werden,
behutsam und weniger behutsam. Letztlich erfordert dies eine
Festschreibung neuer internationaler Regulative – etwa über
Kinderarbeit, gewerkschaftliche Aktivitäten, soziale Belange
(wie Kinderbetreuung und Elternurlaub), Tier- und Umweltschutz. Nur die Einführung neuer Bestimmungen über Rechte
und Verantwortlichkeiten im gesamten Weltwirtschaftssystem
(als Ergänzung kollektiver Vereinbarungen und sozialstaatli-
cher Maßnahmen) kann eine neue Übereinkunft zwischen wirtschaftlicher Macht und politischer Demokratie schaffen.

Unerläßlich sind zweitens neue Formen der wirtschaftlichen Koordination. Organisationen wie IWF, Weltbank, OECD
und die G-7-Staaten operieren allesamt mit unterschiedlichen
Programmen. Jede Institution macht – fragmentarisch – ihre eigene Politik. Wir brauchen daher eine neue Wirtschaftsorgani-
sation, die auf regionaler wie auf globaler Ebene Koordinie-
rungsaufgaben wahrnimmt. Das ist nicht so unrealistisch, wie
es zunächst scheinen mag, zumal im Lichte der Entstehung
neuer multilateraler Organe nach dem Zweiten Weltkrieg. Die
neue transnationale Instanz sollte in der Lage sein, über wirtschaftliche Notsituationen, die Dynamik der internationalen
Kapitalmärkte sowie öffentliche Investitionsprioritäten und
Ausgabenstrukturen zu beraten.

Drittens ist es wichtig, Maßnahmen zur Regulierung der
Unbeständigkeit internationaler Finanzmärkte und deren speku-
lativer Orientierung an kurzfristigen Gewinnen zu entwickeln.
Steuern auf Umsätze in ausländischen Devisenmärkten, die
Beibehaltung von Kapitalkontrollen als strategische Option und
eine beträchtliche Steigerung von Regulierung und Transparenz
der Kontenführung der Banken und anderer Finanzinstitutionen
sind notwendige Maßnahmen, wenn die spekulativen internationalen Kapitalmärkte einer demokratischen Intervention zu-

gänglich sein sollen. Solche Initiativen möchte ich als Schritt auf ein neues Bretton-Woods-System verstanden wissen – ein System, das zur Koordinierung von Investitionen, Produktion und Handel bei institutionellen Mechanismen Verantwortlichkeit und Regulierung herstellen würde.

Dies sollte – viertens – mit Maßnahmen zur Linderung der dringendsten wirtschaftlichen Notfälle verknüpft werden: zum Beispiel mit einer radikalen Reduzierung der Schulden vieler Entwicklungsländer, mit der Schaffung neuer Wirtschaftseinrichtungen bei Organisationen wie IWF und Weltbank zu Entwicklungszwecken und vielleicht auch – wie George Soros angeregt hat – mit der Schaffung neuer internationaler Kreditversicherungsfonds. Auf dieser Grundlage könnte der Kapitalismus in ein System demokratischer Mechanismen und Verfahren eingebunden werden.

Doch keine dieser Entwicklungen allein wird das Fundament für eine adäquate demokratische Regulierung schaffen, wenn diese nicht, fünftens, mit Maßnahmen verbunden ist, die demokratische Formen und Prozesse über Territorialgrenzen hinweg ausweiten. Eine solche Politik der Demokratisierung könnte in den Schlüsselregionen mit der Herstellung größerer Transparenz und Verantwortlichkeit in den führenden Entscheidungszentren beginnen. In Europa bedeutete dies eine Ausweitung der Macht des Europäischen Parlaments sowie einen Abbau der demokratischen Defizite in allen EU-Institutionen. Dazu gehörte außerdem die Neustrukturierung des UN-Sicherheitsrats, damit die Entwicklungsländer mit hörbarer Stimme an den großen Entscheidungen teilhaben; weiterhin eine Erweiterung des Verantwortungsbereichs von führenden internationalen und transnationalen Institutionen; eine Stärkung der Durchsetzbarkeit von Menschenrechtsvereinbarungen (sozialen wie politischen) sowie die baldige Schaffung einer neuen demokratischen zweiten Kammer der Vereinten Nationen.

Dies sind Zielsetzungen auf dem Weg zu einer globalen Verantwortung, notwendige Elemente dessen, was ich eine kosmopolitische Konzeption von Demokratie nennen möchte.

Denn angesichts sich überschneidender Schicksalsgemein-
schaften müssen die Bürger der Zukunft nicht nur aktive Bürger ihrer eigenen Gemeinschaften werden, sondern auch der
Region, in der sie leben, und der viel größeren globalen Ordnung. Ist das ein dritter Weg? Ein vierter Weg? Ein fünfter
Weg? Ich bin nicht sicher, eines aber steht fest: Nach dem viel
beschworenen Ende der Ideologien bedeutet dies die Rückkehr
der Politik.

Aus dem Englischen von Eike Schönfeld

Zivilisiert den Kapitalismus!

Günter Grass und Pierre Bourdieu im Gespräch

Pierre Bourdieu: Herr Grass, Sie haben irgendwo gesagt, es gebe eine europäische oder deutsche Tradition, die auch gute französische Tradition sei: den Mund aufzumachen. Ich möchte das hier mit Ihnen gemeinsam tun.

Günter Grass: Für deutsche Erfahrungen ist es ungewöhnlich, daß ein Soziologe und ein Schriftsteller sich zusammensetzen. Hier sitzen die Philosophen meist in einer Ecke, die Soziologen in der anderen, und im Hinterzimmer zerstritten die Schriftsteller. Unsere Art von Kommunikation findet zu selten statt. Denn wenn ich an Ihr Buch *Das Elend der Welt* denke oder an mein letztes Buch *Mein Jahrhundert*, haben wir in unserer Arbeit eines gemeinsam: Wir erzählen Geschichte von unten. Wir sprechen nicht über die Gesellschaft hinweg, nicht aus der Position der Sieger, sondern sind berufsnotorisch aufseiten der Verlierer.

In Das Elend der Welt ist es Ihnen und Ihren Mitarbeitern gelungen, ganz auf das Konzept des Verstehens, nicht des Besserwissens zu setzen: eine Sicht der gesellschaftlichen Zustände in Frankreich, die sich durchaus übertragen läßt auf andere Länder. Ihre Geschichten verlocken mich als Schriftsteller, sie als Rohmaterial zu benutzen. Zum Beispiel die Schilderung des Narzissenwegs, wo Metallarbeiter, die oft in der dritten Generation in die Fabriken gegangen sind, nun arbeitslos sind und aus der Gesellschaft wie ausgeschlossen. Oder die Studie einer jungen Frau, die vom Land nach Paris kommt und in Nachtarbeit Briefe sortiert. In der Schilderung des Arbeitsplatzes werden soziale Probleme deutlich, ohne daß man sie plakativ in den Vordergrund stellt. Das hat mir sehr gefallen.

Ich wünschte, wir hätten in jedem Land ein derartiges Buch über die gesellschaftlichen Verhältnisse. Das Einzige, was mir als Frage aufgefallen ist, gehört vielleicht zur Disziplin der Soziologie: Humor kommt in solchen Büchern nicht vor. Es fehlt die Komik des Scheiterns, die in meinen Geschichten eine große Rolle spielt, die Absurditäten, die sich aus bestimmten Konfrontationen ergeben. Woran liegt das?

Bourdieu: Wenn man solche Erfahrungen unmittelbar von den betroffenen Menschen zu hören bekommt, wirkt das ziemlich niederschmetternd, und es ist fast undenkbar, dabei den nötigen Abstand zu wahren. Wir haben zuletzt aus dem Buch mehrere Erzählungen herausgenommen, weil sie zu ergreifend waren.

Grass: Darf ich unterbrechen? Mit komisch meine ich, daß Tragödie und Komödie einander nicht ausschließen, daß die Grenzen zwischen diesen beiden Bereichen fließend sind.

Bourdieu: Letztlich wollten wir die brutale Absurdität den Lesern ohne jede Effekthascherei vor Augen führen. Angesichts menschlicher Dramen kommt man oft in Versuchung, „schön" zu schreiben. Wir haben stattdessen versucht, so schonungslos wie möglich zu sein, um der Wirklichkeit ihre gewalttätige Seite wiederzugeben. Dafür sprachen wissenschaftliche, aber auch literarische Überlegungen. Wir wollten nicht „literarisch" werden, um auf andere Weise literarisch sein zu können. Natürlich gab es auch politische Gründe. Wir empfanden die Gewalt des Handelns, die gegenwärtig die neoliberale Politik ausübt, als so groß, daß man ihr nicht allein durch theoretische Analysen gerecht wird. Das kritische Denken ist nicht auf der Höhe der Effekte, die diese Politik produziert.

Grass: Für meine Frage sollte ich ein bißchen weiter ausholen. Wir sind beide, Sie als Soziologe und ich als Schriftsteller, Kinder der Aufklärung, einer Tradition, die heute überall – jedenfalls in Deutschland und Frankreich – infrage gestellt wird, als sei der Prozeß der europäischen Aufklärung gescheitert. Ich bin anderer Meinung. Ich sehe die Fehlentwicklungen im Prozeß der Aufklärung, zum Beispiel die Reduzierung der Vernunft auf das rein technisch Machbare. Viele Aspekte, die es am Anfang gab, wenn ich nur an Montaigne denke, sind im Verlauf der Jahrhunderte verloren gegangen. Unter anderem auch der Humor. Voltaires Candide oder Diderots Jacques le Fataliste zum Beispiel sind Bücher, in denen die Zustände der Zeit auch schrecklich sind, und dennoch bricht die menschliche Fähigkeit durch, unter Schmerz und im Scheitern noch eine komische und in dem Sinne siegreiche Figur abzugeben.

Bourdieu: Aber dieses Gefühl, daß uns die Tradition der Aufklärung abhanden kommt, hängt mit einer Umkehrung der gesamten Weltsicht zusammen, die durch die heute vorherrschende neoliberale Sicht der Dinge durchgesetzt wurde. Bei der neoliberalen Revolution, hier in Deutschland kann ich diesen Vergleich bemühen, handelt es sich doch um eine zutiefst konservative Revolution – in dem Sinne, wie man im Deutschland der dreißiger Jahre von einer konservativen Revolution sprach. Eine solche Revolution ist eine höchst seltsame Angelegenheit: Sie setzt die Vergangenheit wieder in ihre Rechte und gibt sich dabei als fortschrittlich aus, so daß diejenigen, die die Rückkehr zu den alten Zuständen bekämpfen, selbst in den Ruch kommen, von gestern zu sein. Das begegnet uns beiden häufig, wir werden ein ums andere Mal als ewig Gestrige behandelt: In Frankreich gehört man zum „alten Eisen".

Grass: Dinosaurier ...

Bourdieu: Ganz genau. Da ist sie, die große Macht konservativer Revolutionen, „fortschrittlicher" Restaurationen. Selbst Ihr Argument kann so ausgelegt werden. Man sagt uns, wir hätten keinen Witz. Aber die Zeiten sind nicht witzig! Es gibt nichts, über das man lachen könnte.

Grass: Ich habe nicht behauptet, daß wir in lustigen Zeiten leben. Das Höllengelächter, das man mit literarischen Mitteln entfesselt, ist auch ein Protest gegen die Zustände. Was sich heute als Neoliberalismus verkauft, ist ein Rückgriff auf Methoden des Manchester-Liberalismus im 19. Jahrhundert. Noch in den siebziger Jahren gab es in ganz Europa einen relativ erfolgreichen Versuch, den Kapitalismus zu zivilisieren. Wenn ich davon ausgehe, daß Sozialismus und Kapitalismus beide genial mißratene Kinder der Aufklärung sind, so hatten sie eine gewisse Kontrollfunktion im Verhältnis zueinander. Selbst der Kapitalismus war Verantwortungen unterworfen. Wir nannten das in Deutschland soziale Marktwirtschaft, und bis in die konservative Partei hinein gab es das Einverständnis, daß Zustände wie in der Weimarer Republik nie wieder entstehen dürfen. Dieser Konsens wurde in den achtziger Jahre gebrochen. Seitdem die kommunistischen Hierarchien zusammenbrachen, meint der Kapitalismus verrückt spielen zu können, wie außer Kontrolle geraten. Es ist kein Gegenüber mehr da. Heute heben selbst die wenigen verantwortlichen Kapitalisten warnend den Finger, weil sie merken, daß ihre Instrumente aus dem Ruder laufen, daß der Neoliberalismus die Fehler des Kommunismus wiederholt, indem er Glaubensartikel in die Welt setzt, Unfehlbarkeit beansprucht.

Bourdieu: Aber die Macht des Neoliberalismus ist so überwältigend, daß er von Leuten ins Werk gesetzt wird, die sich als Sozialisten bezeichnen. Ob Schröder, Blair oder Jospin, es sind Leute, die sich auf den Sozialismus berufen, um neoliberale Politik zu machen. Dadurch werden Analyse und Kritik außerordentlich schwierig, weil alles seitenverkehrt ist.

Grass: Eine Kapitulation vor der Ökonomie.

Bourdieu: Gleichzeitig fällt es ungeheuer schwer, eine kritische Position links dieser sozialdemokratischen Regierungen zu entwickeln. In Frankreich gab es die großen Streiks von 1995, die weite Teile der Arbeiterschaft, Angestellte und auch Intellektuelle mobilisiert haben. Dann folgten die Arbeitslosenbewegung, der europäische Marsch der Arbeitslosen, die Bewe-

gung der Einwanderer ohne Bleiberecht – eine Art permanenter
Agitation, die die Sozialdemokraten an der Macht zwang, zumindest so zu tun, als führten sie einen sozialistischen Diskurs.
Aber in der Praxis ist diese kritische Bewegung sehr schwach,
zum großen Teil weil sie in nationalen Grenzen gefangen
bleibt. Man muß auf internationaler Ebene eine wirksame Position links von den sozialdemokratischen Regierungen lebensfähig machen. Ich frage mich deshalb: Was können wir, die
Intellektuellen, zu einer solchen Bewegung für ein „soziales
Europa" beitragen? Die Macht der Herrschenden ist nicht allein
eine ökonomische, sondern eine intellektuelle, geistige. Gerade
deshalb gilt es, „seinen Mund aufzumachen", eine gemeinsame
Utopie wiederherzustellen; denn zu den Fähigkeiten der neoliberalen Regierungen gehört es, Utopien zu töten, Utopien als
überholt erscheinen zu lassen.

Grass: Die sozialistischen oder sozialdemokratischen Parteien
haben teilweise selbst an die These geglaubt, daß mit dem Niedergang des Kommunismus auch der Sozialismus aus der Welt
ist, und haben das Vertrauen in die ja weit länger als der Kommunismus bestehende Arbeiterbewegung verloren. Wenn man
sich von der eigenen Tradition verabschiedet, dann gibt man
sich auf. In Deutschland kam es allenfalls zu kleinen Ansätzen,
die Arbeitslosen zu organisieren. Seit Jahren versuche ich den
Gewerkschaften zu sagen: Ihr könnt doch die Arbeiter nicht nur
betreuen, solange sie noch in Arbeit sind, und sobald sie ausgeschlossen sind, fallen sie ins Bodenlose. Ihr müßt europaweit
eine Gewerkschaft der Arbeitslosen gründen. Wir jammern darüber, daß die Einigung Europas nur im ökonomischen Bereich
stattfindet, aber es fehlt die Anstrengung der Gewerkschaften,
aus dem nationalen Rahmen zu einer Organisations- und Akti-
onsform zu kommen, die über die Grenzen hinweg trägt. Dem
globalen Neoliberalismus müssen wir Paroli bieten. Mittlerweile aber schlucken viele Intellektuelle alles herunter. Und vom
Herunterschlucken kriegt man Magengeschwüre, mehr nicht.
Man muß die Dinge aussprechen. Ich bezweifle deshalb, ob

man sich allein auf die Intellektuellen verlassen kann. Während in Frankreich immer noch, so scheint es mir jedenfalls, ungebrochen von „den Intellektuellen" gesprochen wird, zeigen mir meine deutschen Erfahrungen, daß es ein Mißverständnis ist, zu glauben, daß intellektuell sein gleich links sein bedeutet. Die Geschichte des 20. Jahrhunderts beweist bis in den Nationalsozialismus hinein das Gegenteil: Ein Mann wie Goebbels war ein Intellektueller. Intellektuell sein ist für mich noch kein Qualitätsnachweis. Gerade Ihr Buch *Das Elend der Welt* zeigt doch, daß Leute, die aus der Arbeitswelt kommen, die sich gewerkschaftlich organisiert haben, weit größere Erfahrungen aus dem sozialen Bereich mitbringen als Intellektuelle. Heute sind sie entweder arbeitslos oder pensioniert, und niemand scheint sie mehr zu brauchen. Ihre Kraft bleibt völlig ungenutzt.

Bourdieu: Das Elend der Welt ist ein Versuch, den Intellektuellen ein sehr bescheidenes, aber gleichzeitig nützliches Amt zu übertragen: Der öffentliche Schreiber, wie ich ihn aus den Ländern Nordafrikas kenne, ist ein Schriftkundiger, der seine Fähigkeit in den Dienst der anderen stellt, damit sie die Dinge festhalten lassen, von denen sie Kenntnis haben. Die Soziologen befinden sich hier in einer ganz besonderen Lage; es sind Leute, die meist – nicht immer – zuhören können, die entziffern, was man ihnen sagt, es übersetzen und überliefern. Vielleicht ist das ein wenig zünftlerisch, aber ich halte es für wichtig, daß die Intellektuellen an dieser Arbeit teilnehmen.

Grass: Das hieße aber auch gleichzeitig, an die Intellektuellen zu appellieren, die dem Neoliberalismus nahe stehen. Darunter gibt es Leute, die zu zweifeln beginnen, ob dem völlig unkontrollierten Kreislauf des Geldes um den Globus, ob dem ausgebrochenen Wahnsinn innerhalb des Kapitalismus nicht widersprochen werden muß: zum Beispiel Fusionen ohne Sinn und Zweck, mit dem Ergebnis, daß 5000, 10 000 Leute arbeitslos werden. Allein die Profitmaximierung schlägt sich an der Börse nieder.

Bourdieu: Leider geht es nicht einfach darum, der herrschenden Meinung zu widersprechen. Um dabei Erfolg zu haben, muß man einen kritischen Diskurs verbreiten, ihn öffentlich machen können. In diesem Augenblick reden wir miteinander in der Absicht, über den engen Kreis der Intellektuellen hinauszureichen. Ich würde gerne ein wenig die Mauer des Schweigens aufbrechen – eben weil sie nicht einfach eine Mauer des Geldes ist. Das Fernsehen ist sehr zwiespältig: Es ist ein Instrument, das uns hier zu sprechen erlaubt und gleichzeitig unsereins zum Schweigen bringt. Wir werden ohne Unterlaß von der alles beherrschenden Meinung bestürmt und überwältigt. Die Journalisten sind in ihrer großen Mehrheit oft unbewußte Komplizen des herrschenden Diskurses, dessen Einhelligkeit kaum zu brechen ist. In Frankreich ist es sehr schwierig – außer für einige hoch angesehene Persönlichkeiten –, an die Öffentlichkeit zu treten. Aber bedauerlicherweise werden viele Leute mit höheren Weihen stumm, und es gibt nur wenige, die das symbolische Kapital nutzen, um zu sprechen – auch um diejenigen zu Gehör zu bringen, denen die Worte fehlen.

Grass: Das Fernsehen hat natürlich, wie alle großen Institutionen, seinen eigenen Aberglauben geprägt: die Einschaltquote, deren Diktat man sich beugt. Deshalb kommen Gespräche wie das, das wir hier führen, in den großen Programmen kaum einmal vor, sondern eher auf Arte. Ich nehme nie an einer Talkshow teil. Ich halte deren Form für unmöglich, weil sie nichts transportiert. In diesem Gequatsche setzt sich der durch, der am längsten redet oder den anderen am rigorosesten ignoriert. Es kommt auch deshalb in der Regel nichts dabei heraus, weil der Moderator immer dann abbricht, wenn es interessant werden könnte, wenn es sich zuspitzt. Wir beide greifen auf eine Tradition zurück, die aus dem Mittelalter herrührt, auf den Disput. Zwei Personen, zwei verschiedene Meinungen, zwei Erfahrungen, die sich ergänzen: Da kann, wenn wir uns Mühe geben, einiges herauskommen. Vielleicht wäre das an diesen Moloch

Fernsehen eine Empfehlung, mal auf bewährte, ein Thema zuspitzende Dialogformen zurückzugreifen wie auf den Disput.

Bourdieu: Leider müssen besondere Umstände zusammenkommen, damit sich die Produzenten des Diskurses, Schriftsteller, Künstler, Forscher, ihre Produktionsmittel wieder aneignen können. Ich drücke mich ganz bewußt in der etwas altertümlichen Sprache des Marxismus aus. Paradoxerweise haben heute die Menschen des Worts keine Kontrolle über die Produktionsmittel und Vertriebswege; sie müssen sich in Nischen zurückziehen, Umwege gehen.

Grass: Damit wir jetzt nicht ins Jammern geraten: Wir sind immer in der Minderheit gewesen, und das Erstaunliche ist, wenn man sich den Geschichtsprozeß ansieht, wie viel man aus der Minderheit heraus bewirken kann. Man muß natürlich Taktiken entwickeln, um gehört zu werden. Ich sehe mich zum Beispiel als Bürger gezwungen, eine Generalvorschrift des Schriftstellers: „Bitte keine Wiederholungen!" zu brechen. In der Politik muß man fast wie ein Papagei eine These, die sich bewährt hat, wiederholen, was ermüdend ist, weil man das Echo der eigenen Stimme auch immer wieder vernimmt. Aber das gehört offenbar dazu, um überhaupt in einer so vieltönigen Welt noch irgendwo Zuhörer zu finden.

Bourdieu: Was ich an Ihrem Werk bewundere, ist Ihre Suche nach Ausdrucksmitteln, die eine kritische, subversive Botschaft an ein großes Publikum weitergeben können. Ich glaube jedoch, daß sich die Zustände heute sehr von jenen im Jahrhundert der Aufklärung unterscheiden. Die Enzyklopädie war eine Waffe, ein Kommunikationsmittel gegen den Obskurantismus. Zurzeit müssen wir gegen völlig neue Erscheinungen des Obskurantismus kämpfen.

Grass: Aber weiterhin als Minderheit.

Bourdieu: Nur waren die Gegenkräfte damals unvergleichlich schwächer. Heute haben wir es mit mächtigen Medienmultis zu tun, es bleiben allenfalls kleine Inseln übrig. Im Verlagswesen zum Beispiel wird die Publikation schwer verdaulicher oder kritischer Bücher immer mehr zum Problem. Und wenn ich mein Gespräch mit Ihnen als so wichtig empfinde, dann mit dem Gedanken, neue Formen zu erfinden, mit denen eine Botschaft erzeugt und weitergegeben werden kann. Anstatt Werkzeuge des Fernsehens zu sein, müssen wir es selbst zum Werkzeug der Verständigung machen, im Dienste dessen, was wir sagen wollen.

Grass: Der Spielraum ist begrenzt. Hinzu kommt etwas, was mich selbst verwundert: Ich hätte nie gedacht, daß ich eines Tages mehr Staat fordern müßte. Wir hatten in Deutschland immer zu viel Staat, vor allem zu viel Ordnungsstaat. Nun aber geraten wir ins andere Extrem. Der Neoliberalismus hat, ohne damit ideologisch etwas zu tun haben zu wollen, die Wunschvorstellung des Anarchismus übernommen, den Staat abzuschaffen, ihn zur Seite zu drängen. Weg mit ihm, wir machen das schon. Wenn heute eine notwendige Veränderung auf dem Reformweg stattfindet, ob in Deutschland oder in Frankreich, passiert nichts, solange die Industrie, die Wirtschaft es nicht abnickt. Von dieser Entmachtung des Staates hätten die Anarchisten träumen können, und so befinde ich mich – und Sie wahrscheinlich auch – in der kuriosen Situation, dafür zu sorgen, daß der Staat wieder Verantwortung übernimmt, regulierend eingreift.

Bourdieu: Genau diese Verkehrung der Dinge meine ich. Aber können wir uns damit begnügen, „mehr" Staat zu fordern? Um sich nicht in den Schlingen der konservativen Revolution zu verfangen, müßte man darüber nachdenken, einen anderen Staat zu erfinden.

Grass: Damit wir uns nicht mißverstehen: Der Neoliberalismus will natürlich nur die Dinge aus dem Staat heraushaben, die ihn wirtschaftlich interessieren. Der Staat darf weiter die Polizei stellen, den Ordnungsstaat repräsentieren. Aber wenn dem

Staat die ordnende Kraft für die Gesellschaftsschichten weggenommen wird, die außerhalb stehen – nicht nur Sozialfälle, Kinder und alte Menschen, die aus dem Arbeitsprozeß ausgeschieden sind oder noch nicht drinnen sind –, wenn sich hier eine Ökonomie breit macht, die vor jeder Verantwortung in irgendeinen Globalismus hineinflüchtet, muß der Staat, dann muß die Gesellschaft über den Staat Für- und Vorsorge treffen. Die Verantwortungslosigkeit ist das bestimmende Prinzip des neoliberalen Systems.

Bourdieu: In Mein Jahrhundert haben Sie eine Reihe von Ereignissen wachgerufen, zum Beispiel die Geschichte des kleinen Jungen, der zu einer Kundgebung Liebknechts mitgenommen wird und dann seinem Vater in den Nacken pinkelt. Ich weiß nicht, ob das eine persönliche Erinnerung ist, aber in jedem Fall ist es eine ganz eigene Art, den Sozialismus zu entdecken. Oder was Sie über Jünger und Remarque gesagt haben: Zwischen den Zeilen stehen viele Dinge über die Rolle von Intellektuellen, die sich zu Komplizen tragischer Ereignisse machen. Schön fand ich auch, was Sie zu Heidegger ausführen, dessen Rhetorik ich ein sehr kritisches Buch gewidmet habe.

Grass: Das ist zum Beispiel etwas, was mich amüsiert: die Faszination, die von französischen Intellektuellen gegenüber Jünger und Heidegger geäußert wird, weil damit all die Klischeevorstellungen, die man wechselseitig von Deutschland und Frankreich hat, auf den Kopf gestellt werden. Daß all das Verqualmte, was in Deutschland verhängnisvolle Folgen hatte, in Frankreich bewundert wird, ist absurd.

Bourdieu: Weil mich die Heideggersche Mystik befremdet hat und mir zutiefst widerstrebte, stand ich ziemlich alleine da. Es ist nicht sehr angenehm, ein aufklärerischer Franzose zu sein in einem Land, das sich einem derart modernistischen Obskurantismus unterwirft. Heidegger und Jünger … Ein Präsident der Französischen Republik hat Jünger einen Orden angeheftet, das war ein furchtbarer Vorgang.

Grass: Diese Geschichte mit Liebknecht. Mir kam es darauf an, daß auf der einen Seite Karl Liebknecht die Jugend agitiert – eine Fortschrittsbewegung im Namen des Sozialismus macht sich auf den Weg – und gleichzeitig der Vater in seiner Begeisterung nicht merkt, daß der Junge runterwill von den Schultern. Als der Sohn ihm in den Nacken pinkelt, verprügelt ihn der Vater. Dieses autoritäre Verhalten führt dazu, daß der Junge sich bei Ausbruch des Ersten Weltkrieges freiwillig meldet und damit genau das macht, wovor Liebknecht gewarnt hat. Und was Jünger und Heidegger betrifft: Vielleicht wäre es für interessierte französische Intellektuelle nützlicher, mal die deutschen Aufklärer zur Kenntnis zu nehmen. Es gab ja nicht nur Diderot und Voltaire, sondern einen Lessing, es gab Lichtenberg – einen übrigens sehr witzigen Aufklärer, dessen Pointen den Franzosen mehr liegen müßten als Jünger.

Bourdieu: Ernst Cassirer als großer Erbe der Aufklärung hatte nur bescheidenen Erfolg, während sein Widersacher Heidegger ungeheure Aufmerksamkeit erregte. Man hat oft den beängstigenden Eindruck, daß wie durch eine Arglist der Geschichte die Franzosen von den Deutschen die schlimmen Dinge übernehmen und umgekehrt die Deutschen von den Franzosen.

Grass: In Mein Jahrhundert schildere ich einen Professor, der während seines Mittwochsseminars überlegt, wie er als Student 1966/67/68 reagiert hat. Damals kommt er aus der Heideggerschen Erhabenheitsphilosophie und endet auch wieder da. Zwischendurch hat er radikale Aufschwünge und gehört zu den Leuten, die Adorno auf offener Bühne fertig machen. Das ist eine sehr typische biografische Linie dieser Zeit. Ich steckte in den Sechzigern mitten im Geschehen drin: Der Studentenprotest war etwas Notwendiges und hat mehr bewirkt, als die Sprecher der 68er-Pseudorevolution wahrhaben wollten. Die Revolution fand zwar nicht statt, es gab gar keine Basis dafür, aber die Gesellschaft hat sich verändert. Im Tagebuch einer Schnecke beschreibe ich, wie die Studenten aufgeheult haben, als ich sagte: Der Fortschritt sei eine Schnecke. Natürlich könnt ihr verbal den großen Sprung – sie waren Mao-geschult – machen, aber die übersprungene Phase, nämlich die darunter liegende Gesellschaft, beeilt sich nicht. Ihr wundert euch, wenn die Verhältnisse zurückschlagen, und nennt das dann Konterrevolution – alles im eingefleischten Vokabular eines schon zu dem Zeitpunkt abgetakelten Kommunismus. Aber es gab wenig Einsehen.

Bourdieu: Ich habe 1964 ein Buch veröffentlicht, Die Erben, in dem ich die Einstellungsunterschiede zwischen Studenten kleinbürgerlicher und bürgerlicher Herkunft beschreibe. Der politische Radikalismus war bei bürgerlichen Studenten viel stärker ausgeprägt, während die Studenten aus dem Kleinbürgertum beziehungsweise der Arbeiterschaft reformistischer, konservativer waren.

Grass: Zumeist haben die Söhne aus zu gutem Hause, wie ich sie etwas provokativ nannte, den Konflikt mit dem Vater, den sie nicht auszutragen wagten, weil dann das Geld ausgegangen wäre, auf die Gesellschaft übertragen.

Bourdieu: Es gab 1968 eine ostentative, vor allem symbolische, künstlerische Revolution – sehr radikal dem Anschein nach. Andererseits gab es Leute, die gemäßigte Vorschläge einbrachten, um das Bildungswesen zu ändern, den Hochschulzugang. Damals wurden sie von denselben Leuten als reformistisch und deshalb lächerlich geächtet, die heute Konservative sind.

Grass: In den siebziger Jahren wuchs in Deutschland und den skandinavischen Ländern das Bewußtsein, daß es, wenn die Wirtschaft weiter die Ressourcen ausbeutet, zu einer Zerstörung der Umwelt kommt. Die ökologische Bewegung entstand. Aber die sozialistischen und sozialdemokratischen Parteien haben sich allein auf die alte soziale Frage konzentriert und die Ökologie ausgespart oder als etwas Feindseliges angesehen, was sich teils bis heute fortsetzt. Wenn wir von der neoliberalen Seite erwarten, daß sie ihr intellektuelles Potential benutzt, um sich selbst zur Besinnung zu bringen, dann muß das Gleiche auch an die linke Adresse gesagt werden. Endlich muß begriffen werden, daß die Ökologie vom Thema Arbeit nicht zu trennen ist: Alle Entscheidungen müssen die Barriere, ob sie ökologisch erträglich sind, überspringen.

Bourdieu: All diese Pseudobegriffe wie Sozialliberalismus, Blairismus sind Verinnerlichungen der herrschenden Macht über die Beherrschten. Im Grunde schämen sich die Europäer ihrer Zivilisation und trauen sich nichts mehr zu. Das beginnt ganz offensichtlich bei der Wirtschaft, aber nach und nach dehnt es sich auf den kulturellen Bereich aus, sie schämen sich ihrer kulturellen Traditionen. Die Europäer leben in einer Art Sündhaftigkeit, die wahrgenommen und verurteilt wird als Verteidigung rückständiger Traditionen – im Bereich des Kinos, in der Literatur und so weiter.

Grass: Bei uns verstehen sich die Schröder-Anhänger als Modernisten, und die anderen werden als Traditionalisten abgetan, was eine aberwitzige Verkürzung ist. Die Neoliberalen lachen sich doch ins Fäustchen, wenn sich in Deutschland und in anderen Ländern die Sozialdemokraten und Sozialisten mit derartigen zu nichts führenden Definitionen zugrunde richten.

Bourdieu: Um das Problem der Kultur zu nehmen: Ich habe mich wirklich gefreut, daß Ihnen der Nobelpreis verliehen wurde, weil er einen hervorragenden europäischen Schriftsteller ehrt, der „seinen Mund aufmacht" und eine Art der Kunst verteidigt, die für gewisse Leute überholt scheint. Die Kampagne gegen Ihren Roman *Ein weites Feld* wurde unter dem Vorwand geführt, daß er in literarischer Hinsicht veraltet sei. Ebenso werden gegenwärtig mit immer derselben Verdrehung die formalistischen Errungenschaften der Avantgarde mehr und mehr als überholt angesehen. In Frankreich gibt es eine regelrechte Debatte über die zeitgenössische Kunst, wo es im Grunde um die Autonomie der Kunst gegenüber der Ökonomie geht.

Grass: Was den Nobelpreis betrifft: Ich habe ganz gut ohne ihn leben können, und ich hoffe, es gelingt mir, auch mit ihm zu leben. Manche haben gesagt: „Endlich!" oder: „Zu spät", aber ich bin froh, daß er mich erst im fortgeschrittenen Alter jenseits der 70 erreicht hat. Wenn ein junger Autor den Nobelpreis bekommt, stelle ich mir das als eine ziemliche Last vor, weil die Erwartungen hochgesch raubt werden. Heute kann ich damit ironisch umgehen und mich dennoch darüber freuen. Aber damit soll das Thema, was mich betrifft, erschöpft sein.

Ich glaube, wir müssen von uns aus Angebote machen, denen man nicht ausweichen kann. Die großen Fernsehanstalten sind ja auch ratlos in ihrem Irr- und Aberglauben an die Einschaltquote. Man muß ihnen auf die Sprünge helfen. Gleiches gilt für das Verhältnis zwischen den Nachbarn Deutschland und Frankreich, die sich bis zum Ausbluten bekämpft haben, deren Wunden noch spürbar sind und die allerlei rhetorische Bemühungen unternehmen, einander näher zu kommen. Und auf einmal merkt man: Es ist nicht nur die Sprachgrenze, es gibt Dimensionen dazwischen, die nicht wahrgenommen werden. Ich habe es vorhin anklingen lassen, daß wir nicht mal in der Lage sind, den gemeinsamen Prozeß europäischer Aufklärung anzuerkennen. Das war in Zeiten, als die Nationalstaaten noch nicht so dominierten, besser. Was in Deutschland passierte, nahmen Franzosen wahr und umgekehrt; es gab eine Korrespondenz zwischen beiden Gruppen, die damals als Minderheiten kämpften und den Prozeß der Aufklärung trotz Zensur in Gang gesetzt haben.

Da gilt es wieder anzuknüpfen, denn wir haben nichts anderes in der Hand als die Erkenntnisse aus dem Prozeß der europäischen Aufklärung – auch über deren Fehlentwicklung. Wir beklagen zu Recht, welche Dominanz der Neoliberalismus mittlerweile ausübt und welche Bereiche er in unverantwortlicher Weise beherrscht. Aber wir sollten auch überlegen: Was haben wir im Verlauf der europäischen Aufklärung falsch gemacht? Irgendwie müssen der Kapitalismus und der Sozialismus als Kinder der Aufklärung wieder an einen Tisch.

Bourdieu: Vielleicht sind Sie da ein wenig optimistisch. Ich glaube, die ökonomischen und politischen Kräfte des Neoliberalismus lasten so schwer auf Europa, daß die Errungenschaften der Aufklärung wirklich in Gefahr geraten. Der französische Historiker Daniel Roche schreibt gerade ein Buch, in dem er zeigt, daß die Tradition der Aufklärung in Frankreich und Deutschland sehr verschiedene Bedeutungen hatte. Unter „Aufklärung" wurde keineswegs das verstanden, was die Franzosen mit „lumières" meinten. Diese Unterschiede müssen überwunden werden, wenn man der Zerstörung all dessen Einhalt gebieten will, was wir mit der Aufklärung verbinden – den Fortschritt der Wissenschaft, der Technik und die Bändigung dieses Fortschrittes. Es gilt, einen neuen Utopismus zu erfinden, der sich in den sozialen Kräften aufgehoben weiß. Auf die Gefahr hin, daß dies als Rückfall in ein überholtes politisches Denken wahrgenommen wird, geht es darum, neue soziale Bewegungen lebensfähig zu machen. Die Gewerkschaften sind in ihrer gegenwärtigen Form nicht mehr zeitgemäß. Sie müssen sich wandeln, sich neu definieren, internationalisieren, rationalisieren, sie müssen auch die Sozialwissenschaften bemühen, um das gut zu tun, was sie tun sollen.

Grass: Das bedeutet eine grundlegende Reform der Gewerkschaftsbewegung, und wir wissen, wie schwer beweglich dieser Apparat ist.

Bourdieu: Ja, aber wir können dabei durchaus eine gewisse Rolle übernehmen. Zum Beispiel ist die soziale Bewegung in den letzten Jahren sehr viel erfolgreicher gewesen, als sie es aus historischen Gründen lange Jahre war. Die Traditionen der französischen Arbeiterbewegung waren immer sehr hemdsärmlig, sehr feindselig den Intellektuellen gegenüber, zumindest zum Teil. Heute, in Zeiten der Krise, ist die Arbeiterbewegung sehr viel offener, hellhöriger gegenüber unseren Einwänden. Sie wird nachdenklicher, nimmt immer stärker eine neue Form der Kritik auf. Diese kritischen, reflexiven sozialen Bewegungen sind, so meine ich, die Zukunft.

Grass: Ich beurteile das skeptischer. Wir befinden uns beide in einem Alter, in dem wir zwar versichern können, daß wir, sofern wir gesund bleiben, weiter den Mund aufmachen werden, aber der Zeitraum ist begrenzt. Ich weiß nicht, wie es in Frankreich ist – ich glaube, auch nicht besser –, aber ich sehe bei der jungen Generation im Bereich der Literatur wenig Bereitschaft und wenig Interesse, diese Tradition, die zur Aufklärung gehört, nämlich des Mundaufmachens, des Sicheinmischens, fortzusetzen. Wenn da nichts nachwächst und uns ablöst, geht auch dieser Teil einer guten europäischen Tradition verloren.

Aus dem Französischen von Stephan Egger

Die Autoren

Zygmunt Bauman ist Professor emeritus für Soziologie an der Universität Leeds/England. Von ihm erschienen unter anderem: „Dialektik der Unordnung", „Unbehagen in der Postmoderne" und zuletzt „Liquid Modernity".

Ulrich Beck lehrt Soziologie an der Universität München und an der London School of Economics. Er ist außerdem Herausgeber der Edition „Zweite Moderne". Bekannt wurde er mit dem Buch „Risikogesellschaft". Zuletzt erschienen von ihm „Perspektiven der Weltgesellschaft" und „Die Zukunft von Arbeit und Demokratie" (Hg.).

Pierre Bourdieu ist Professor für Soziologie am Collège de France und wurde bekannt mit seiner Studie „Die feinen Unterschiede. Kritik der gesellschaftlichen Urteilskraft". Er ist Autor unter anderem von „Die Regeln der Kunst", „Gegenfeuer" und „Das Elend der Welt. Diagnosen alltäglichen Leidens an der Gesellschaft".

Francis Fukuyama lehrt Politikwissenschaft in Virginia/USA und ist Autor des Buches „Das Ende der Geschichte: Wo stehen wir?". Zuletzt erschien von ihm „Der große Aufbruch. Wie unsere Gesellschaft eine neue Ordnung erfindet".

Günter Grass ist Schriftsteller und erhielt 1999 den Literaturnobelpreis. Sein bekanntestes Werk ist „Die Blechtrommel". Zuletzt erschien „Mein Jahrhundert".

Jean-Maire Guéhenno war Leiter des Planungsstabs im französichen Außenministerium und ist derzeit Richter am Rechnungshof in Paris. Bekannt wurde der Politikwissenschaftler mit seinem Buch „Das Ende der Demokratie".

David Held lehrt Politikwissenschaft an der Open University und der London School of Economics. Er ist außerdem Leiter des Verlags Polity Press (Cambridge). Der Autor zahlreicher Bücher veröffentlichte zuletzt als Co-Autor (zusamen mit A. McGrew, D. Goldblatt und J. Perraton) „Global Transformations: Politics, Economics and Culture".

Avishai Margalit lebt in Jerusalem und lehrt Philosophie an der dortigen Hebrew University. In Deutschland wurde er mit einem Buch „Politik der Würde" einem breiteren Publikum bekannt.

Claus Offe lehrt Politische Wissenschaft an der Berliner Humboldt-Universität. Zuletzt erschien „Modernity and the State", „Arbeitszeitpolitik" sowie sein Aufsatz „How Can We Trust Our Follow Citizens" in „Democracy and Trust" (hg. von Mark W. Warren).

Alain Touraine, Soziologe, lehrt an der Ecole des Hautes Etudes en Sciences Sociales in Paris. Von ihm erschien unter anderem „Die antinukleare Utopie" und zuletzt „Pourrons-nous vivre ensemble? Egaux et Differents" (englische Fassung: „Can We Live Together? Equality and Difference" bei Polity-Press).

Thomas Assheuer ist Redakteur im Feuilleton und *Werner A. Perger* politischer Reporter der Wochenzeitung DIE ZEIT.

Das Gespräch Bourdieux-Grass wurde in ungekürzter Fassung als Produktion von Radio Bremen vom deutsch-französischen TV-Sender Arte am 5. Dezember 1999 ausgestrahlt, eine Rundfunkfassung lief über Radio Bremen Ende des Jahres. Das deutsche Copyright ist beim Verlag Steidl, der uns den Abdruck der von der ZEIT veröffentlichten gekürzten Version genehmigte.